KB151124

일러두기

촌민들과 두모마을 어르신 인터뷰는 팜프라촌 시즌1, 2에 참여한
촌민들의 입주 경험을 엮은 매거진 <판타지촌> 1편과 2편 그리고
<팜프라 매거진>에서 부분 발췌했습니다. 인터뷰를 진행하고 참여해
주신 촌민들과 두모마을 이웃들께 감사의 인사를 전합니다.

이상하고 아름다운

판타지 촌 라이프

양애진
오린지
유지황
지음

남해의봄날

# 목차

# Prologue

# 우리는 어쩌다 촌에 모였나?

## 시골에서 농사짓고 사는 꿈이
## 이렇게나 어렵다니!

나는 통영의 산과 바다에서 뛰놀며 자랐다. 어릴 적 기억이
좋았기 때문일까. 꽤 일찍부터 내 꿈은 위대하고 아름다운
자연 가까이에 사는 것이었다.

대학에 들어가서는 부의 불균형과 불평등에 관심을
가졌다. 첫 배낭여행으로 간 이집트에서 차 밑에 들어가 자는
아이들을 본 것이 계기였다. 가난은 어디에나 있었다. 세계
곳곳에서 기본권도 보장받지 못하는 아이들을 보았다. 또 이를
개선하기 위해 노력하는 사람들도 보았다. 나 역시 치약이나
구충제, 먹을 것을 보내 주는 '비상식량'이란 프로젝트를
진행했다. 하지만 곧 이런 프로젝트로는 사회 시스템 전체를
바꿀 수 없다는 것을 깨달았다.

지구상에 존재하는 불균형과 불평등을 몇몇 사람의
노력으로 모두 해소할 순 없을 것이다. 나는 인간다운 삶을
위한 기본권만큼은 보장받을 수 있는 사회 시스템을 만드는 데
내 시간을 쓰기로 결심했다. 가장 처음 한 일은 땅을 빌려
농사를 짓는 것이었다.

인간이 삶을 영위하는 데 가장 필요한 것은 무엇일까?
과거엔 의식주를 꼽았지만, 현대 사회에는 식(食), 주(住),
학(學)이 필수라고 생각한다. 건강하게 먹고, 안전한 곳에서
살며, 양질의 교육을 받을 수 있어야 한다. 그중에 가장 중요한
게 건강한 먹거리라고 생각했다. 그래서 우선 농사를 지으며
기술을 익히고, 그 기술을 필요한 곳에 공유하기로 했다.

그러나 농사를 짓기 시작한 지 1년 됐을 때, 나는
빌린 땅에서 나와야 했다. 다른 곳에서도 같은 일이 반복됐다.

땅을 갈고 겨우 쓸 만하게 만들었다 싶으면 빈손으로 나와야
했다. 촌에는 기회가 널려 있을 줄 알았다. 하지만 촌에서
기반을 마련하는 일은 만만치 않았다. 부모님이 농사를
짓거나, 가족이 가진 땅이 있는 게 아니라면 거의 불가능에
가까웠다. 뉴스에서는 농촌에 청년이 필요하며, 청년
유입을 위한 여러 정책을 만들고 있다는 소식이 심심찮게
들렸다. 그러나 막상 촌에 가 보면 주거는 물론이요, 산업,
문화 등 모든 인프라가 부족해 도시보다 더 많은 자본과
노력이 필요했다. 내 고민은 '돈도 없고 땅도 없는 청년들이
어떻게 하면 촌에 기반을 마련하고 지속적으로 살아갈 수
있을까?'라는 질문으로 이어졌다.

　　　　다른 나라에서는 청년들이 어떻게 시골에서 땅과
집을 마련하고, 생계를 유지해 가는지 궁금했다. 2년여간
배낭을 메고 농업 세계일주를 떠났다. 이 여행기를 영상과
글로 기록했고, <파밍보이즈>라는 책과 다큐멘터리 영화로
만들기도 했다. 호주, 인도, 태국, 프랑스, 이탈리아, 네덜란드
등 세계 곳곳의 농장을 찾아다니며 깨달은 것은 농업이 단지
생산에 그치는 것이 아니라 생태와 환경, 공동체와 사회
제도 등 그야말로 모든 것과 얽혀 있다는 사실이다. 경기
불황, 청년 실업, 농업 쇠퇴와 기후 위기는 전 세계가 겪는
사회 문제였다. 극심한 청년 실업률에 땅을 무단 점거해
농사를 짓는 청년들부터, 협동조합이 잘 되어 있는 나라와
퍼머컬쳐로 지속 가능한 농업을 실천하는 사람들까지, 2년에
걸쳐 12개국의 농장을 다니며 배운 것도 많았고 시야도
확장할 수 있었다. 그러나 이를 우리나라 현실에 적용하는
건 또 다른 문제였다. 한국에 돌아온 나는 여전히 돈도 땅도
없는 것은 물론이요, 기술 등 무엇 하나 갖추지 못한 무일푼
청년에 불과했다. 내가 당장 할 수 있는 일이 무엇인지
고민에 빠졌다.

## 내 인생이야말로
## 대안이 필요하다

어느 순간 스스로가 거대한 유리 온실 속 화초처럼 여겨졌다.
주변을 돌아보니 나와 비슷한 사람들로 수두룩했다. 그 무리
속에 조금이라도 돋보이려고 발버둥치는 내가 있었다. 좋은
대학에 가기 위해 노력했고, 고등학교를 졸업하면 내 앞에
펼쳐진 세상이 달라질 줄 알았다. 하지만 대학에 와서도 다를
바 없는 풍경이 펼쳐졌다. 친구들은 좋은 직장을 갖기 위해,
이력서에 한 줄이라도 더 그럴듯한 스펙을 적기 위해 끝없이
달리고 있었다. 이제 인정할 수밖에 없었다. 나는 비슷한
모양새로 재배되는 온실 속 화초였다. 너무 거대해서 온실을
세상이라 착각했을 뿐.

계속 이렇게 살아도 될까? 어딘가에는 사회가
요구하는 획일적인 삶이 아닌 보다 다양한 삶의 방식이 있지
않을까?

막연함에 2년 동안 한국을 비롯한 인도, 유럽 등지의
대안공동체를 찾아 돌아다녔다. 주류에서 벗어나 대안적
길을 선택한 사람들을 만나 또 다른 가능성을 엿볼 수 있지
않을까 기대했다. 그 여행의 끝에 '시골에서 살면 어떨까'
하는 생각이 들었다. 촌에서라면 또 다른 방식으로 살아갈 수
있지 않을까? 도시에서 도피하는 것이 아니라, 전혀 다른
차원의 선택지로서 말이다.

내게 농촌은 생명의 근원인 흙과 가장 가까이
닿아 있는 공간이고, 농업은 인류의 역사와 기술이 집약된
덩어리처럼 여겨졌다. 인류의 뿌리 같은 느낌이랄까.
그래서인지 그 안에서 이루어지는 관계 맺음도 뿌리를

닮았다고 생각했다. 성기지 않고 촘촘히 얽혀 있는 관계성은 옆집에 누가 사는지도 모르는 도시의 이웃 관계와는 전혀 달랐다. 점점 흩어지고 얄팍해져 가는 주변을 보며, 농촌에서 미래 대안을 꿈꾸어 보고픈 생각이 들었다.

점차 획일화되고 비대해져 가는 도시 밖으로 눈을 돌려 촌에서 새로운 다양성과 활력을 찾고 싶었다. 도시를 버리고 촌으로 돌아가 옛날 옛적 공동체를 회복하자는 것이 아니라, 그 다음 단계로 나아가자는 의미였다. 두 공간이 오래도록 공존하기를 바랐다. 그러기 위해서 무조건 전통 방식으로 산다거나 자연으로 회귀하는 것이 아니라 균형을 잡고, 도시와 촌을 연결해 지속 가능한 내일을 만들고 싶었다.

이런 생각에 골몰하고 있었을 때, 지황을 만났다. 함께 청년들을 위한 촌 인프라를 구축하는 회사를 만들어 보자는 제안에 끌렸던 것은 어떤 내용이 될지는 아직 모르겠지만 분명 타당하면서도 재미있는 일이 벌어질 것 같다는 예감이 들었기 때문이다. 그 예감이 남해에 오게 한 8할의 이유였다.

"단순히 말로 전달하는 것을 넘어 실질적인 해결책을 만드는 일. 지금껏 느꼈던 자기모순과 괴리감을 고민하던 차에 알맞은 제안이었다."

팜프라를 만들기 전, 선택의 기로에 서 있던 가을에 적었던 문장이었다.

## 지역에 숨은 무궁무진한 가능성
## 다 내 거!

작을수록 좋다. 상상 속 내 집은 작지만 아늑하다. 내게 딱 맞는 집을 직접 지어 모든 공간에 내 취향을 담아낸 집. 틈만 나면 유튜브나 핀터레스트로 외국의 작은 집들을 찾아보았다. 기회가 생기면 작은 집을 짓는 교육을 받고 싶었다. 그리고 언젠가는 좀 더 자연과 가까운 곳에서 내가 감당할 수 있는 작은 집을 짓고 그곳에서 살아가는 모습을 자주 상상해 보았다. 흙과 나무, 바람과 햇살을 가까이 둔 나만의 작은 집. 집만 한 크기의 덱에 야외 테이블과 의자를 두고, 매일 아침 나와 커피를 마시고, 마당 한편에 작은 텃밭을 만들어 바로바로 식재료를 따와 작은 주방에서 간단하게 요리를 하고, 집 가운데 넓은 테이블을 두어 밥을 먹기도 하고, 일을 하기도 하는 곳. 그리고 다락에서는 조용히 책을 읽거나 음악을 듣고, 잠을 잘 수 있는 공간을 꿈꿨다.

　　내가 살던 수원은 적당히 도시적이고, 적당히 시골과 가까웠다. 그곳에서 나는 '사만키로미터'라는 독립출판 그룹을 운영했다. 그러다가 아주 우연히 인터넷에서 '남해에서 작은 집을 지으며 한 달 살기'라는 코부기 워크숍 참가자 모집 글을 보았다. 상상만 하던 작은 집짓기를 체험할 수 있다는 생각에 가슴이 뛰었다. 그곳에서 지황과 애진을 만났다.

　　워크숍에 참여하며 남해에서 한 달을 살아 보니 알게 된 것들이 많았다. 이른 아침이나 늦은 밤에 바닷가에 나가면 어김없이 고요한 해변을 걸을 수 있다. 낮이면 마을 뒤편에 자리한 금산이 든든하게 지켜봐 주고, 달빛이 밝은 밤이면

검은 바다가 일렁이고, 달빛이 없는 밤이면 검은 하늘에
은하수가 자리 잡고 있다.

남해라는 지역, 자연과 생태계, 일거리와 먹거리,
사람과 문화, 역사에 관심이 생겼다. 외부에 보여지는 남해의
이야기가 아니라 내가 직접 보고 경험하는 남해, 그리고
그곳에 사는 사람을 통해 발견하는 모습들이 좋았다. 서울과
수원 같은 도시보다 더 많은 가능성을 보았던 것 같다.
수원에서 출판 콘텐츠를 만들다 보면 '이것 참 재밌다!'라고
발견하거나 좋은 아이디어가 떠오르는 것들 중 많은 것이
이미 만들어져 있었다. 그런데 남해에는 콘텐츠라 불릴 만한
것이 거의 없었고, 나 같은 출판이나 문화기획 활동을 하는
사람은커녕 애초에 젊은 사람부터가 많지 않아서 새로운
일이 일어나기보다는 예전부터 해 오던 일들을 이어가는
사람이 대다수였다. 어르신들이 대부분이라 콘텐츠 기획과
관련한 생산 활동을 하는 인구 자체가 적었다. 그래서 더욱
남해는 내게 무궁무진한 가능성으로 다가왔다. 코부기
워크숍이 끝나도 남해에 더 머물고 싶었다. 지황과 애진은
다음 프로젝트로 촌 라이프를 경험하는 공간을 만들려고
준비하고 있었다. 두 사람이 내게 팜프라 멤버 합류를 제안해
몇 주간 고민을 했다. 내가 진짜 이 곳에서 살 수 있을까?
새로운 일을 할 수 있을까?

스스로를 의심하고 있을 때 수원으로 돌아가는
버스를 타기 위해 남해 터미널로 가는 길에 앵강만 위로
노을이 졌다. 아니 피었다는 표현이 맞을 것 같다. 산과
바다와 하늘이 핑크빛으로 물들었을 때 '나는 여기서
살아야겠다' 마음먹었다.

# Intro

한번, 살아 볼까? -

촌 라이프를 경험하는

청년 공간

# 가진 것이 젊음과
# 열정뿐이라면

촌에 살고 싶은 이유는 제각각이었을지 모르지만 우리에겐
공통점이 있었다. 돈도 없고 땅도 없고 지역에 이렇다 할
연고도 없는 청년이라는 것이었다. 젊은 귀촌 인구가
늘어났다고는 하지만, 여전히 촌에 이주하는 주요 세대는
50대와 60대 중장년층으로 은퇴 후 도시를 떠나는 경우가
대부분이다. 그 밖에는 부모나 조부모 등 가족이나 친지가
지역에 이미 터를 잡고 있어 정착하는 사람들이 많다.
이들 대부분은 도시에서 번 돈으로 마련한 자본금을
기반으로 촌 생활을 시작한다. 가진 것이 젊음과 열정뿐인
청년들은 촌에 자리 잡기가 쉽지 않다. 또 낯선 지역에서
텃세는 없을지, 적응할 수 있을지 두려움도 있을 터였다.
우리처럼 촌에 살고 싶어도, 선뜻 실행으로 옮기지 못하는
많은 청년이 있을 거라고 생각했다.

　　2018년, 우리는 도시에서 촌으로 이주를 고민하는
청년 300명을 대상으로 귀촌을 망설이게 만드는 두려움,
문제점을 물었다. 거기서 가장 많이 언급된 것은 다음과 같다.

1.　자본금이 없는 청년이 지속적으로 수익을 올릴 수
　　있는 방법이 없다.
2.　실제로 촌에 사는 데 필요한 트럭 운전, 농기구,
　　농기계 운전, 집 관리나 수리 등의 기술을 배울 곳이
　　없다.
3.　다양한 촌 라이프 실험과 도전을 해 볼 수 있는
　　공간이 없다.

4.  혼자 지역으로 내려가는 건 두렵고 외롭다.
    또래 친구들과 함께 시작하고 싶다.

혼자는 어렵지만 여럿이 함께라면 어떨까? 시골 생활을 경험해 볼 수 있는 청년 공간이 있다면, 도시 청년들이 쉽게 와서 다양한 실험을 해 볼 수 있지 않을까? 촌에 사는 데 필요한 기술들을 가르쳐 주고, 촌 라이프에 필요한 정보를 공유한다면? 누군가 먼저 촌에서 네트워크를 만들고 인프라를 구축해 나간다면, 이 실험을 보고 뜻을 함께하는 더 많은 청년이 용기를 갖고 이주해 오지 않을까? 그런 흐름이 계속 이어진다면 도시가 아닌 지역, 시골에서 자신의 삶을 꾸려 나가려는 다음 세대에게도 도움이 되지 않을까?

그 생각이 팜프라의 시작이었다.

# 문 닫은 폐교에
# 청년들이 찾아왔다

시골 생활이 잘 맞을지, 맞지 않을지는 사실 살아 봐야 알 수 있다. 저마다 촌에 살고 싶은 각자의 이유와 목적이 있다. 농사를 짓거나 자신만의 작은 가게를 여는 것일 수도 있고, 고즈넉한 곳에서 자연을 벗 삼아 살아가고 싶을 수도 있다. 무엇이 되었든 촌에서 새로운 시도를 하며 살아가고픈 사람들이 무리하게 덜컥 이주를 결심하는 것이 아니라, 먼저 마을과 시골살이를 경험할 수 있다면 좋은 계기가 될 거라 생각했다. 설령 체험 후에 당장 이주를 하지 않더라도, 그 경험이 씨앗이 되어 장기적으로 관계 인구가 더 늘어나지 않을까?

우리는 우선 코리빙, 코워킹 스페이스가 있어 청년들이 일정 기간 머무르며 촌 라이프를 경험하는 공간을 구상했다. 촌에서 살아가기 위해 필요한 간단한 생활 목공 기술을 배우고 작은 집짓기 워크숍을 할 수 있는 작업장, 친목을 쌓고 정보를 공유할 수 있는 커뮤니티 공간, 건강한 먹거리를 생산하는 텃밭과 유정란을 생산하는 양계장, 그리고 생산한 것들을 판매하는 마켓까지! 두근거리는 마음으로 시작한 팜프라촌 구상은 50페이지에 달하는 원대한 계획서로 완성되었다.

이 계획서를 가지고 우리는 고성, 통영, 진주, 사천, 의성 등 소멸 위기에 직면해 있는 지역을 찾아다녔다. 그리고 시나 군이 소유한 폐교나 유휴공간을 빌려 청년 마을을 세우자고 제안했다. 도시 청년들이 촌에 내려올 때 필요하다고 생각하는 부분을 지자체와 협업해서 제공한다면 지방소멸을 완전히 막진 못하더라도 새로운 사례를 만들고, 사례가 성공적이라면 다양한 지역으로 퍼져 나갈 것이다.

인구와 청년 문제는 지자체에도 큰 고민거리이기 때문에 지방 정부는 우리 예상보다 더 많은 관심을 보였다. 도지사, 군수, 각 지자체의 실무자 등 무수한 사람들을 만났다. 하지만 계획을 실행으로 옮기기까지는 많은 우여곡절이 뒤따랐다. 복잡한 행정 절차와 조건에 이리저리 치이고 계획이 엎어지기 일쑤였다. 결국 우리는 2년 가까운 시간이 흐르는 동안에도 공간을 구하지 못했다. 마지막으로 그동안 다녔던 지역 가운데 가장 아름다운 지역에서 한 번만 더 시도를 해 보기로 했다. 그렇게 우리는 남해로 향했다.

남해는 산, 바다, 들 모두를 가지고 있다. 섬이기 때문에 제조업이 발달하지 않았다. 양쪽으로 위치한 광양, 고성 모두 화력발전소를 가지고 있지만 남해는 발전소가 없는 청정지역이다. 전라도와 경상도 사람들의 휴양지라서 1차 생산뿐만 아니라 여행객을 대상으로 한 사업을 할 수도 있어 이주 청년들이 자리 잡기 더 좋으리라 생각했다. 2018년 당시 지방소멸 위기 5위의 지역이었기 때문에 팜프라가 지향하는 가치를 실현하기에도 적절했다.

남해를 수없이 오가며 200여 개 마을을 찾아갔고 폐교나 사용하지 않는 공유지를 모두 둘러봤다. 그중 최종 후보 두 곳을 골라 경남도청에 제안했다. 당시 경상남도는 청년과 관련된 정책사업을 준비하면서 사회혁신추진단-청년과를 신설해 운영하고 있었다. 사회혁신추진단장님이 남해 군수님, 부군수님과의 자리를 만들어 주셨고, 남해군 국장님, 과장님들과 한자리에 앉아 청년 마을 계획안을 발표했다.

우리가 염두에 둔 공간은 두 곳 모두 폐교였다. 폐교는 대부분 교육청이나 지자체가 관리하고 있어 취지를 설명하면 지원을 받을 여지가 있어 보였다. 하지만 첫 번째 폐교는 안전상의 문제로 사용이 불가능했다. 결국 두 번째 후보인 양아분교로 눈을 돌렸다. 양아분교는 교육청 소유로, 당시 남해 상주중학교가 임대하고 있었다. 마침 상주중학교 여태전 교장선생님과는 내가 강연을 하면서 맺은 인연이 있었다. 여태전 교장선생님은 팜프라촌의 취지가 상주중학교의 교육 가치와도 맞닿아 있다며 우리의 제안을 좋게 봐 주셨다. 그리고 앞장서서 양아분교가 있는 두모마을을 손대한 이장님을 연결해 주셨다. 두모마을 이장님은 우리의 계획을 듣자마자 이대로라면 마을이 10년 안에 없어질지도 모른다며, 청년들이 들어오는 것에 100% 찬성한다고 말씀하셨다. 그렇게 2년을 찾아 헤맨 끝에 우리가 바라고 또 바라던 공간이 생겼다.

양아분교가 있는 두모마을은 경남 남해군 상주면에 위치한 작은 시골마을이다. 마을 뒤편에는 남해의 명산인 금산이 있고, 12만 평의 다랭이논이 있다. 다랭이논에 봄에는 유채꽃, 가을에는 메밀꽃이 활짝 핀다. 앞쪽으로는 맑은 남해 바다가 펼쳐져 있으며 김만중이 유배했던 섬 노도가 있다. 해안선은 둥근 만 모양을 하고 있으며, 갯벌과 모래사장이 있어 카약을 타거나, 갯벌체험, 물놀이를 하기에도 좋다. 그래서 연중 방문객, 캠핑객이 꽤 많은 편이다. 마을에서 자발적으로 바다쓰레기를 주워 해안선 역시 깨끗하다. 마을에는 약 70여 가구, 100여 명 남짓의 인구가 거주하고 있으며, 주민들은 주로 농업과 어업으로 삶을 이어 나간다. 황금빛 곡식이 익어 가는 작은 들판이 있는 곳, 아침에 눈을 뜨면 새소리가 들리고 저녁이면 풀벌레와 개구리가 목청 터지듯 울어 대는 곳. 그런 아름다운 마을의 한가운데에 우리의 첫 공간 양아분교가 있다. 양아분교는 마을 주민들의 학창 시절이 깃든 추억의 공간이었다. 그곳에 청년 공간이 생긴다니, 꿈같이 느껴졌다.

　　먼지로 가득한 폐교를 쓸고 닦고 정비하면서도
우리는 기대에 부풀어만 갔다. 2019년 9월, 드디어 첫 시즌
청년들이 팜프라촌으로 입주를 시작했다.

# MAP

판타지 촌 라이프를 실현하는 청년마을

두모마을
우리나라 남쪽인 남해에서도
남쪽에 있는 작은 해안가 마을이랍니다

공용주방 / 식당
일주일마다 식사 당번을
정해서 함께 먹고 있어요

고양이 급식소
떠돌던 배고픈 길냥이들이
무럭무럭 자라고 있어요

공용샤워장
야영장이었던 이곳은
남녀샤워장이 있답니다

빨래터

금산/은오2배

공용 샤워장

고부기호 4호

고부기호 5호

로부기 워크숍
이동식 목조주택을 지으며
목공 기술을 배운답니다.

바지락 캐기
마을 앞 바닷가에 나가서
바지락을 한가득 캐와서
바지락 칼국수를 만들어요.

비치코밍
유리조각, 조개껍질 등
바다에 버려진 쓰레기들을
활용해서 공예품을 만들기도 해요.

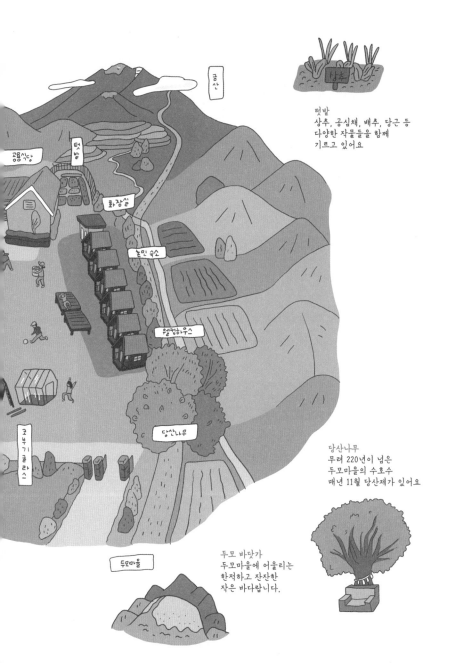

텃밭
상추, 공심채, 배추, 당근 등
다양한 작물들을 함께
기르고 있어요

당산나무
무려 220년이 넘은
두모마을의 수호수
매년 11월 당산제가 있어요

두모 바닷가
두모마을에 어울리는
한적하고 잔잔한
작은 바다랍니다.

©고미랑

## 촌에서 무엇을 할까?

팜프라촌은 도시에서 촌으로 이주해 자신의 라이프스타일을
실험해 보고 싶은 청년들에게 필요한 기본 인프라(주거, 농지,
코워킹 스페이스 등)를 제공하는 공간이다.
청년들은 정해진 기간 동안 촌에 입주해 살며 시골 생활에
필요한 기술을 배우고, 자신에게 맞는 촌 라이프를 모색해
나간다. 내게 맞는 시골집 찾기, 코부기 집짓기 워크숍, 농기구
사용법, 텃밭 만들기와 같은 촌 라이프에 필요한 기술과 정보를
나누는 것은 물론 우드카빙, 도자기 만들기 등 취미 생활이나
마을 당산제, 체육대회, 두모 영상제 같은 마을 축제까지 촌에서
누릴 수 있는 다양한 경험을 하며 청년과 마을, 지역사회의
연결고리를 만들어 나간다.

## 어떤 청년들이 모여 살까?

3년간 30여 명의 청년이 팜프라촌에서 촌 라이프를
경험했다. 청년들은 팜프라 운영 멤버 그리고 정해진 기간
동안 입주해 촌 라이프를 체험하는 촌민으로 나뉜다.

### 팜프라 운영 멤버

2017년 말, 지황과 애진이 팀을 꾸린 것을 시작으로,
2018년 '팜프라'라는 이름을 정하고, 2019년 린지가
합류했다. 그 밖에도 세모, 주희, 진영, 준민, 다은, 진아,
선영 등 다양한 청년들이 멤버로 활동하며 촌 인프라를
구축하는 데 힘을 보탰다. 팜프라는 2020년 2월
농업회사법인으로 등록하고 현재 지황, 린지, 은지, 한솔,
준형이 멤버로 활동 중이다.

### 팜프라촌 청년 촌민

운영 멤버 외에, 2019년 9월부터 105일 간 9명의 청년이
입주해 '시즌1 살아 보기'를, 2020년 7월부터 12월까지
5개월 간 7명의 청년이 입주해 '시즌2 벌어 보기'를 통해
촌 라이프 실험을 했다. 시즌이 끝나고 입주 촌민들 가운데
진영, 준민, 진아와 같이 팜프라의 운영 멤버로 활약한
청년들도 있다.

이상하고 아름다운 판타지를 찾아서

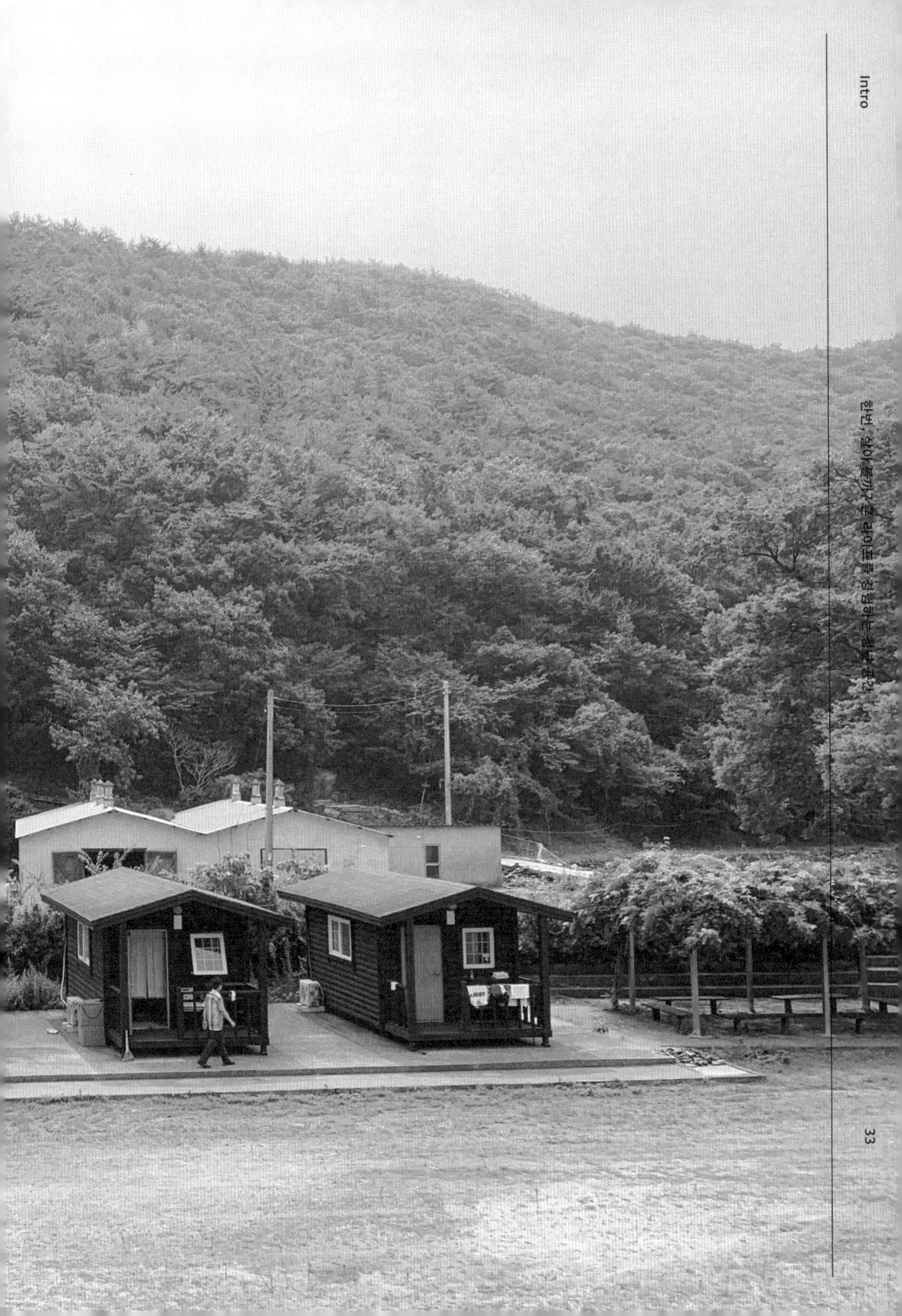

## 촌민 인터뷰

## 무엇이 당신을 촌으로 이끌었나요?

내 오빠는 강원도의 한 공동체에 몸담고 있다. 퇴비 화장실을 사용하며, 태양열 조명을 켜 놓은 생태 건축 마을과 학교를 운영하는 오빠의 모습이 인상적이었다. 지켜보던 당시엔 불편함을 감내하는 생활로 보이기도 했지만, 어느 결에 나도 그러한 삶을 지향하고 있었다.

**시즌1 촌민 미랑**은 자립에 관심이 많다. 팜프라촌에서 이루어 갈 새로운 자립 모델이 궁금하다. 즐겁고 자연스럽게 자연으로 돌아가고 싶은데 혼자는 못 하겠고 이를 함께 '실천'하고 싶다.

농업과 관련된 학교, 박람회 같은 곳을 찾아다녔는데, 그곳에선 늘 비슷한 말을 들어야 했어요. '여자 혼자는 안 돼'라든가, '땅이 있어야만 되지!'. 그런 얘기를 듣다 보니, 손을 내밀고 싶은데 어디에 손을 내밀지 모르겠더라고요. 그런 때에 팜프라를 알게 되었어요.

저는 변하지 않는 것에 대한 환상이 있어요. 세상의 모든 것은 다 변하잖아요. 어떤 것이 영원할까? 제가 먹은 자두의 씨앗이 땅에 들어가고, 다시 열매 맺고, 그 열매 맺은 자두를 먹게 되고, 그러한 순환의 과정이 영원인 거라고요. 누구도 해치지 않고 지속되는 순환. 무해하게 계속되는 그런 삶을 생각하다가 자연스럽게 농사를 지어 보고 싶다는 생각으로 이어진 것 같아요.

**시즌1 촌민 뚜또**는 자신이 사는 제주도와 여러 나라의 난개발을 지켜보며 땅 본연의 기능과 이를 활용한 농업에 관심이 많아졌다. 관심을 쏟고 시간을 투입한 만큼 결과를 얻는 정직함과 몸을 움직여서 건강하게 일한다는 점에서 농업이 매력적이라고 생각하며, 언젠가 그 삶으로 돌아갈 날을 꿈꾼다.

**시즌1 촌민 민경**은 '지속 가능'에 대한 고민이 많다. 자연을 통해서 순환할 수 있는 경제를 만들고 싶다. 퍼머컬쳐와 텃밭 정원, 요리에 관심이 많으며 손으로 만드는 일을 좋아한다. 공예품을 만들고 판매로 이어 보고 싶다.

집짓기 워크숍도 흥미로웠고, 앞으로 제가 살아가면서 쓸 수 있는 기술을 배우는 것에 도전하고 싶어 팜프라에 합류했어요. 그리고 가능하면 지방에 살고 싶은 마음이 커요. 서울은 주거 비용과 생활 비용을 무시할 수 없으니까요.

시골에서 살고 싶은 마음 중에 제일 큰 부분은 안정을 찾고 싶어서예요. 정서적 안정이요. 도시의 삶은 아무래도 안정을 느끼기가 힘들거든요.

**시즌1 촌민 재욱**은 건설회사에서 일했다. 해외파견 후에 건강한 삶에 관심을 가지게 되었다. 회복에 대한 확신보다 깨지는 것에 대한 두려움이 크다. 집짓는 기술, 목공 기술을 배우고, 그 과정에서 협업을 통해 스스로의 두려움을 극복하고 싶다.

**시즌1 촌민 수연**은 어렸을 때 시골에 살았기 때문에 농촌에서의 삶을 꿈꾸고 있지만 막상 가서 무엇을 해야 할지 두려움이 있다. 주변에 같은 생각을 공유하고 함께 고민할 사람을 원한다. 지역 주민과 함께 살아갈 수 있는 힘을 배우고 싶다. 시골이 과연 내게 맞는 공간인지 알아보고 싶다.

토목설계 회사에 다닐 때에는 매일 새벽 3시까지 일을 했어요. 선임들을 보는데, 계속 이렇게 살고 싶지 않다는 생각이 들었어요. 그분들 삶이 너무 빡빡하게 보였어요. 대화도 부동산이나 주식 이야기가 주를 이루고, 아이 키우는 것도 힘들어 보였어요. 어떻게 살고 싶은지가 아니라 계산에 따른 숫자로만 미래를 계획하는 거에요. 그런 제 모습에서 벗어나고 싶어, 설계 회사를 그만두고 시민단체로 갔어요. 시민단체 일을 하면서 자연스럽게 귀촌에 대해 관심이 생겼어요. 와이프와 같이 팜프라촌 설명회를 듣고는 일단 저 먼저 내려와서 시골 라이프와 집짓기를 몸소 경험하려 한 거죠.

2016년에 공무원 시험에 합격했어요. 막상 회사에 들어가서 겪었던 것은 무난함이 아니라 불행한 삶의 시작이었죠. 나는 부모님이 원하고 사회에서 추천하는 루트들을 굉장히 충실하게 밟아 왔는데, 그럼에도 불구하고 내가 맞이하는 일상과 생활이 불행하다고 느껴졌어요. 무기력감이 드는 거에요. 이제 더 이상 뭘 해야 하는 걸까? 생각했던 것 중 하나가 아예 살아가는 환경을 바꿔 보자는 거였어요. 기존에 살던 방식과는 완전히 다른 방식으로 살아 보는 것. 그것이 귀촌이었던 거죠.

---

**시즌1 촌민 찬형**은 10년간 회사의 부품처럼 일하면서 무의미한 경쟁에 대한 회의가 들었다. '자연'이니 '환경'이니 하는 너무 큰 개념보다는 일상생활에서 작은 실천을 통해 소박한 삶을 살아가고자 한다. 퇴직 후 여러 기술을 배웠고, 팜프라촌에서 그 가능성을 확인하고 싶다.

**시즌1 촌민 준민**은 남들이 좋다고 하는 직장을 다녔지만, 일에 잠식당한 삶을 살았다. 해야 할 일이 소중한 것들의 자리를 허용하지 않을 때, 퇴사를 결심했다. '반농반X', '자급자족'의 실현을 위한 농업에 관심이 많다. 도시에서와는 다른 삶의 방식을 꿈꾸며 팜프라촌을 찾았다.

자급자족 형태의 라이프스타일을 실현할 수 있는 삶이라면 도시보다는 농촌이어야겠다 싶었죠. 돈을 적게 벌고 적게 쓰더라도 행복한 사람이 되려면, 스스로 생산하는 사람이 되어야 한다고 생각했어요.

누구보다 바쁘게 경쟁적으로 사는 것을 추구해 왔죠. 그런데 그런 가치들은 저에게 쉽게 좌절감을 준다는 것을 알게 되었어요. 그래서 새로운 삶의 방식을 실험해 보고 싶었어요. 촌에서는 타인을 경쟁이 아닌 공생의 대상으로 보며 함께 살아갈 수 있을까, 경제 활동에 있어서 즐겁고 행복한 일을 가장 우선으로 생각해 볼 수 있을까, 생태계의 측면에서 보다 지속 가능한 삶을 살아 볼 수 있을까 그런 질문을 품고 촌에서의 삶을 그려 보게 되었어요.

---

**시즌1 촌민 진영**은 주로 청년, 공간, 지역 관련 분야에서 다양한 프로젝트를 기획하는 일을 해 왔다. 30대에는 연고 없는 낯선 지역에서 새로운 발견을 해 보고 싶다는 마음으로 이주를 준비하다가 남해에 왔다. 소비하고 의존하기보다는 스스로 생산하고 자립하는 사람이 되고 싶다.

---

**시즌2 촌민 수민**은 교대 휴학생으로 마지막 한 학기를 남겨 둔 채 팜프라촌 촌민으로 입주했다. 팜프라촌에서 집짓기, 영상 제작, 그림 그리기 등 이전에 한 번도 해 보지 않았던 일에 의욕적으로 도전했다.

예전에 진도 여행을 떠난 적이 있어요. 마을이 참 예쁜데. 아직까지 발전이 덜 되었고 소비할 수 있는 콘텐츠가 없더라고요. 그래서 시골 마을에 살면서 마을만의 고유한 스토리를 찾고 분석해 외부에 스토리텔링 할 수 있는 콘텐츠를 만들면서 살고 싶다는 꿈이 생겼어요.

농촌에서 살아 보고 싶다는 마음은 오래 전부터 있었는데, 사실 위대한 목표나 꿈이 있어 이주하고 싶은 건 아니었어요. 어느 날 문득 '나는 앞으로 어떤 인생을 살게 될까? 계속 이런 모습으로 살게 될까?' 하는 궁금증이 생겼어요. 이런 고민을 하기엔 도시는 너무 신경 써야 할 게 많고 얽매인 환경이 많다는 생각이 들었고요. 그 모든 것에서 한 발짝 떨어서 깊이 생각해 보고 싶은 마음이 제일 컸어요.

**시즌2 촌민 순혁**은 시흥 지역을 중심으로 청년 활동을 하며, 프리랜서 디자이너로 일하고 있다. 시흥과 남해를 오가며 디자인 관련 강연과 교육, 외주 활동을 이어 갔다.

**시즌2 촌민 예진**은 인천에서 직장 생활을 하다가, 퇴사 후 팜프라촌에 입주했다. 평소에 크로스핏을 즐겨 왔다. 그 경험을 살려 팜프라촌 입주 후 전례 없는 농촌 크로스핏 문화를 만들어 보고 싶었지만, 코로나로 잠시 그 꿈을 미루었다.

저는 어렸을 때도 그렇고 지금도 '고향'이 있는 사람이 참 부러워요. 태어나서부터 2~3년마다 나라를 옮겨 다니며 살아왔어요. 최근 몇 년간 서울에서 살았지만, 한 번도 제 고향같이 느껴지지 않더라고요. 미세먼지, 인구밀도, 아파트 생활 등 여러 측면에서 힘들고 답답해서 도시를 떠날 준비를 해 왔어요. 저는 자연과 함께 할 수 있는 좀 더 여유로운 삶을 살아갈 때가 제일 행복해요. 처음으로 한국에서 '아, 내가 이런 곳에서 살아가면 좋겠다!'고 생각한 곳이 바로 남해였어요.

서울에서 쭉 살다가, 수원에서 5년간 활동했어요. 남해에서 도시와는 다른 매력을 발견했죠. 사람이 많지 않고, 초록에 둘러싸여 하고 싶은 일에만 집중할 수 있는 환경이 좋아요. 이곳에서 발견한 장점들을 이곳에 맞는 방법으로 확장시켜 보고 싶어요.

**시즌2 촌민 쑤비**는 마케팅 분야를 중심으로 17년간 다양한 회사에서 일을 해오다가, 브랜드&마케팅 컨설팅 회사를 창업하며 새로운 도전을 시작했다. 촌에서 관계를 만들고 지식을 나누고 싶어 팜프라촌에 왔다.

**시즌2 촌민 진아**는 디자인을 하고, 책을 만들고, 교육을 하는 문화예술 기획자로 활동해 왔다. 영국에서 서비스디자인을 공부한 경험을 바탕으로 경남도립미술관에서 열리는 팜프라 소개 전시 기획에 참여했으며, '요가시리즈' 책을 제작해 온 경험을 바탕으로 상주 은모래비치에서 일일 요가 강사로 활약했다.

서울에서 10년간 살면서
느낀 것은 이 도시에서
내 삶을 구성하는 근간이 모두
불안정하다는 거예요. 비싼
임대료 때문에 주거 환경이
불안정했고, 시간이 없어 대충
시켜 먹는 배달음식이나 편의점
간편식품 등 출처를 알 수 없는
먹거리도 그랬고요. 도시의
생활비를 충당하기 위해서
바쁘고 부지런히 일을 해야
하는데, 그것 때문에 삶의 근간이
부실해질 수밖에 없다는 사실이
아이러니죠. 마음이 답답해
고개를 들면 창밖으로 여백 없는
빌딩 숲이 빼곡했어요. 그래서
오랫동안 귀촌 생활을 꿈꿔
왔어요.

**시즌2 촌민 하정**은 4년간
스타트업에서 다양한 일을 가리지
않고 다 해 보고 퇴사했다. 원래는
인도에서 요가 지도자 과정을
수강하고 호주에 갈 생각이었지만,
코로나19 확산으로 말레이시아의
시골 마을에서 3개월을 보내다
귀국했다. 팜프라촌 입주 후에는
글쓰기에 집중하며 남해의 자연을
매일 새롭게 발견하고자 했다.

# Chapter 1

# 농사 짓는다더니 집을 짓고 있네

집, 마을, 공간

# 누가 청년에게 물어본 적은 있었나, 어디에 살고 싶냐고

> 서울에서 제가 살았던 원룸의 월세는 관리비 합해서
> 한 달에 43만 원이 나갔어요. 공과금 합하면 한 달에 50만
> 원이 없어졌어요. 그걸 유지하기 위해 일을 해야만 했어요.
> 처음에는 나름 즐거웠던 일이 나중에는 재미와 의미가
> 점점 희미해졌어요. 갈수록 스스로 돈을 버는 뿌듯함도
> 사라졌고요. 제가 왜 계속 이런 곳에서 일해야 하는 건지
> 회의가 들었어요. **시즌1 촌민 수연**

2021년 대한민국은 부동산으로 시끄러웠다. 아파트값은
고공행진하고, 청약은 몇 백, 몇 천 대 일의 경쟁률을
기록했다. 대통령이 나서 주택 문제 해결을 약속했고, 선거
공약마다 부동산 정책을 내걸었다. 그런 중에 한 청년주택에
대한 기사를 본 적이 있다. 한눈에도 작아 보이는 원룸의
면적은 15m²라고 했다. 네 평 남짓한, 겨우 몸만 뉘일
공간이다. 저 작은 공간이 정말 청년 주거에 대한 대안일까
의문을 지울 수 없었다. 누군가는 그마저도 감지덕지 아니냐
하겠지만, 보기만 해도 숨이 턱 막히는 공간을 보며 모멸감을
지울 수 없었던 까닭은 청년을 바라보는 시혜적 시선과 태도
때문이었다.

인간이 살아가기 위해 필요한 최소한의 공간은
얼마일까? 자산 가치를 떠나, 인간 기본권과 행복 추구를
위한 필수 요소로서의 집은 몇 평이어야 할까? 아무리
작을지언정 그것이 나의 선택에 의한 것이었다면 이렇게
마음이 답답하지는 않았을 것 같다. 마음 한편의 삐딱함은

실제 우리 사회에서 청년에게 주어진 선택지가 거의 없기 때문이었다. 지방에서 계속 살아갈 수 없어 청년들이 일자리를 찾아 낯선 도시로 상경해야만 하는 사회 구조와 환경의 근본적인 문제는 해결하지 못하고 청년에게 겨우 몸 뉘일 방 한 칸을 내주며 생색내는 것 같아 배알이 꼴렸다. 누가 언제 한번 우리에게 물어본 적은 있었던가? 어디에 살고 싶냐고, 어떤 공간을 꿈꾸느냐고 말이다.

내가 사는 지역에는 대학이 없어 진학을 하려면 다른 지역으로 떠나야 했다. 고향에서는 조선소에서 일하는 것 외에는 마땅한 취업 선택지도 없었다. 떠나고 싶지 않아도 떠나야 했다. 대학을 졸업할 때쯤 농사 기술을 익히겠다고 마음먹고 시골의 빈집과 땅을 알아보았다. '그래도 시골엔 빈집이 많으니 집 걱정은 없겠다'라고 생각했다. 그런데 시골에서 집과 땅을 찾는 건 보통 어려운 일이 아니었다.

물론 수도권보다 지방이, 도시보다 촌이 보증금이나 월세, 매매가가 싼 것은 사실이다. 하지만 원하는 집을 찾기는 더 어렵다. 도시보다 투자 가치가 없어 새로 짓고 임대해 주는 주택 수 자체가 적다. 때문에 내가 원하는 형태나 기능을 갖춘 집을 구하기란 하늘의 별 따기다. 귀촌에 관심 있는 퇴직 세대들이 많아지면서 살 만한 집은 금방 임대되거나 매매된다. 그렇지 않은 빈집은 대부분 마을 출신의 도시인들이 가지고 있는데 잘 팔거나 빌려주지 않는다. 살던 어르신들이 돌아가시고 빈집이 되면 도시에 사는 자녀들 소유가 되는데, 팔아도 돈이 되지 않고, 그들이 살면서 쌓아 온 추억이 있는 데다가 가끔씩 가족이 모이는 공간으로 사용되기 때문이다.

정부와 지자체에서 '귀농인의 집'이나 빈집 활용에 여러 방안을 내놓고 있긴 하지만 귀농인의 집은 그 수가 충분하지 않은 데다가, 임시거주라서 1년 후에는 떠나야 한다.

1년이면 이주를 준비하는 이들에게는 꽤 도움이 되겠지만, 자본 없는 다수의 청년들은 이후에도 집을 전전해야 한다. 빈집을 고치는 비용으로 300만 원에서 500만 원 정도를 지원해 주는 정책도 있었는데, 고치는 비용이 적게 잡아도 2~3천만 원이 드는 것에 비해 지원비가 턱 없이 부족한 형편이다. 오래되고 방치된 시골집들은 손 볼 데가 많고 특히 단열, 방충, 방수, 방습 기능이 떨어져 차라리 새로 짓는 게 나은 경우도 많다. 도시처럼 월세를 내고 살 만한 집 구하는 게 쉽지 않아서 여러 불편과 시행착오를 감수하지 않으면 안 된다. 사실 처음엔 자본도 없는 마당에 어느 정도의 불편이야 열정과 패기로 이겨낼 수 있을 줄 알았다. 문제는 열심히 쓸고 닦아 살 만해지면 떠나야 하는 상황이 반복되는 것이었다. 매번 이사를 나가야 하는 설움에 점점 지쳐갔다.

　　설상가상으로 나는 농사를 짓기 위해 빌렸던 땅에서도 번번이 빈손으로 나와야 했다. 농지의 경우 농사를 짓던 땅 주인이 경작을 포기해도 농협조합원에 등록하거나 농업경영체로 등록해야 유류비나 기타 지원을 받을 수 있기 때문에 임대차 계약서를 작성한 임대를 잘 해 주려고 하지 않는다. (물론 10년 전인 그때와 지금과는 상황이 다르다. 지금은 남해만 해도 휴경지 비율이 60% 가까이 되고 매년 증가하고 있기 때문에 세금 부담 때문에라도 농사를 지어 주길 바란다.) 빈 땅을 농사를 지을 수 있는 흙 상태로 만들고 나면 나와야 하는 상황이 반복됐다. 도시에 사는 청년이 무수한 아파트와 빌라촌을 바라보며 저 많은 집 중에 내가 살 집 한 칸이 없음을 한탄하듯, 시골을 선택한 나 역시 다르지 않은 설움을 느꼈다. 저 빈집, 놀고 있는 빈 땅 중에 내 것이 있다면 얼마나 좋을까.

　　우리나라의 전체 농지 가운데 농민 소유의 땅은 절반에 불과하다고 한다. 농민이었던 어르신들이 돌아가시면서 이런 상황은 점점 더 악화되고 있다. 프랑스에서는 농업종사자들을 지키기 위해 우선매수권이나 장기임대조항을 만들어 둔다고 하는데, 우리는 아직까지 이렇다 할 대안이 없다. 꼭 농지가 아니더라도 적어도 그 마을에 살아갈 사람들, 실거주자들을 위한 대책과 제도가 있어야 하지 않을까.

내가 농업 세계일주를 다니면서 방문했던 몇몇 나라에서는 청년들이 시골에 정착해서 뿌리내릴 수 있는 환경을 제공하고 있었다. 이게 가능했던 것은 사회의 안정망 덕분이었다. 농사를 짓고 싶으면 주거, 토지, 수익모델, 기술, 관계망을 해결해 줬다. 인구 감소와 지방소멸 문제를 20~30년 전부터 먼저 직면했던 일본이 그랬다. 일본만큼 심각한 상황은 아니었지만 프랑스와 벨기에 역시 예방과 대안의 측면에서 이런 사회 안정망을 만들고 있었다. 행정기관뿐만 아니라 대를 이어 농사를 짓고 있는 농부들이 자신의 자산과 토지, 집을 내어 주고 청년들이 촌에서 농부로 살아갈 수 있는 기회를 주는 곳들도 있었다. 또 건강한 먹거리를 추구하는 소비자들이 만든 단체도 있었다. 이 단체는 청년 농부에게 토지와 주거를 마련해 주고 다품종 농작물을 생산하면 소비자들이 농장에 와서 직접 수확해 가는 방식의 수익모델을 함께 만들어 가고 있었다. 농부들은 안정적인 기반을, 소비자는 건강하고 믿을 만한 먹거리를 얻을 수 있는 좋은 모델이었다. 여기에 행정기관과 임팩트투자자들이 붙어 지방소멸, 식량안보에 대한 대안을 마련하고 있었다.

농업과 화훼가 주요 산업인 네덜란드는 전문 농업인을 키워 낼 수 있는 고등 과정, 대학을 생산자 협동조합이나 농축산업 관련 기업들이 만들어 자연농, 유기농, 스마트팜, 노지재배, 축산 등 다양한 분야에 자리

잡을 수 있게 교육하고 투자한다. 나 역시 그 나라에 정착하고 싶을 정도로 촌에 살고 싶다는 의지만 있다면 충분히 실현할 수 있는 다양한 방식의 제도를 각국에서 마련하고 있었다. 그리고 그 중심에는 주거 해결이 있었다.

한국이든 해외든 촌 라이프를 시작하는 데 가장 중요한 것은 생활 반경을 결정짓는 집을 마련하는 것이다. 집이 해결되면 땅을 빌려서 농사를 짓거나, 배를 빌려 어업을 하거나, 산을 빌려 임업을 할 수 있다. 농업 종사자가 아니더라도 작은 텃밭을 만들어 자기가 먹을 것을 키워내 자립할 수도 있다. 자립 텃밭을 조금씩 키워 가면서 전업농으로 성장하는 사람도 있다. 또는 많은 돈을 벌지 않아도 적게 쓰며 자신의 삶을 즐길 수도 있다.

내가 한국에서 만난 청년들은 비닐하우스에 살거나 컨테이너형 농막 같은 곳에서 불편을 감수하며 농사를 짓고 있었다. 자신의 기반을 자기 스스로 마련한다는 건 어쩌면 당연한 일이지만, 농업과 농촌의 공공성을 놓고 본다면 사회가 나 몰라라 해선 안 된다고 생각한다. 최소한의 주거 기반이 불안정한 현실에서 청년들은 경제적으로도 육체적, 정신적으로도 지속 가능하지 못했다. 다들 결국 몇 년 만에 촌 라이프를 포기하거나 나중으로 미루거나 도시나 다른 나라로 떠났다. 남해만 하더라도 200개 가량의 마을이 있는데, 그중 1년에 하나씩 사라질 정도로 빠르게 지역소멸이 진행되는 상황에서 귀하디귀한 사람을 놓치고 있는 것이다.

누군가는 지역을 가리고, 일자리를 가리는 청년들을 두고 배부른 투정이라 지적할 수도 있다. 그러나 나는 묻고 싶다. 청년이 지역을 떠나는 것이 아니라, 지역을 떠날 수밖에 없는 상황에 청년이 놓여 있는 것이 아니냐고. 우리에게 정말, 주거의 자유가 있느냐고 말이다.

# 자취방 보증금으로
# 집을 지을 수 있을까?

제가 화목한 집에 대한 그림이 있어요. 전등을 키는 스위치와
유아이 나와요. 스위기 스위치가 인접돼 집을 밝히고 싶어요.
불을 키면 스리키가 저것는 거예요. 집에 있는 동안 저의
감성에 맞는 음악이 일상을 채우는 거죠. 시즌1 춘민 뚜또

시골에 내 집을 짓는다면 비용이 얼마나 들까? 목조주택을
짓는 회사에 물어보니 대지값을 제외하고, 최소 1억에서
4억 원이라는 대답을 들었다. 유일하게 가진 게 학자금
대출금인 나로서는 엄두가 나지 않았다. 역시 도시에서
돈을 벌어서 시골에 땅을 사는 게 답일까? 하지만 적어도
10~20년은 걸릴 것 같았다. 젊을 때 시골에서 생산 활동을
하고 나이가 들면 병원 가까운 도시에 살아야 한다고 생각해
왔던 터라 썩 내키지 않았다. 도시에 살다가 그대로 적응하고
현실에 순응해 살아 갈까 봐 두렵기도 했다. 고민 끝에 직접
집을 지어 보기로 했다. 그것도 '자취방 보증금 500만 원으로
집을 짓자'는 계획이었다. 그렇게 시작된 것이 '이동식 주택
코부기 프로젝트'다.
    2016년 기준으로 직접 작은 이동식 목조주택을
짓는 데 드는 순수 재료비는 1천만 원 내외였다. 도시에서
매달 내는 월세를 3년간 꼬박 모으면 땅은 없지만 내 집을
가질 수 있는 것이다. 처음 생각한 500만 원의 두 배에
달하는 금액이지만, 여전히 내 집 마련을 위한 금액치고는
아주 저렴했다. 물론 이것은 정말 딱 집을 짓는 데 드는
순수 재료비다. 여기에 땅을 파고 다지는 토목 공사, 목수

인건비, 각종 전기 설비 등이 더해져 최소 1억 이상의 금액이 나오는 것이다. 그러나 내게는 다 생각이 있었다. 땅을 파지 않고 화물 트레일러로 이동 가능한 작은 목조주택을 만드는 것이다. 경량목 구조로 지으면 초보도 직접 지을 수 있다고 전문가들이 조언했다. 이동식으로 지으면 농사짓던 땅에서 쫓겨나더라도 내 집을 가져갈 수 있으리라 생각했다. 내 집을 짓고 난 다음에는, 비슷한 처지나 생각을 가진 청년들에게 저렴하게 집을 지어 줄 수도 있고, 혹은 직접 집을 지을 수 있도록 'DIY 집짓기 워크숍'을 해 봐도 좋을 것 같았다.

'500만 원으로 집짓기'라고 제목을 붙인 계획서를 만들어 진주에 있는 건축가들을 찾아다니며 이 계획이 실현 가능한지 조언을 구했다. 이때 진주의 박범주 건축가님이 '니가 도망가지 않으면 나도 도망가지 않을 테니 한번 해 보자'며 선뜻 천만 원을 투자해 주셨다. 투자금은 집이 완성된 후 3년간 살면서 모은 월세로 갚기로 했다.

박범주 건축가님은 투자뿐만 아니라 본인이 시공 중인 건축현장에서 일당을 받으며 기술을 배울 수 있도록 주선해 주셨고, 그때부터 현장 소장님께 포크레인으로 땅을 다지는 것부터, 미장, 타일, 페인팅, 내부 인테리어, 전기, 수도까지 집짓기에 필요한 모든 기술을 도제식으로 배울 수 있었다. 아니 체험할 수 있었다. 그리고 직접 집을 지으면서 하나하나 체험을 경험으로 바꿔 갔다.

내가 구상한 6평짜리 작은 목조주택의 이름은 코부기(Cobugi)로, 집을 들고 이동하는 동물이나 곤충을 생각하다가 떠오른 거북이에 코퍼레이션의 'co'를 더한 것이다. 협동해서 함께 이동식 작은 집을 짓는다는 의미, 여러 사람의 아이디어를 모은다는 의미를 담고 싶었다. 코부기가 6평인 까닭은 땅에 건축물을 지을 때 용도에 따라 허가가 필요한데, 6평 이하의 트레일러는 농막으로 신고하면 되기 때문에 건축허가를 받을 필요가 없다. 여기에 착안해 청년 농부가 농지 한편에 놓을 수 있을 6평 이하의 작은 공간, 이동형 농막을 생각한 것이다.

투자해 주신 박범주 건축가님과 설계부터 건축 철학, 시공 노하우까지 함께 점검을 해 나갔다. 쓸모없는 공간, 즉 데드 스페이스가 없도록 부단히 노력하며 설계했다. 작은 집인만큼 모든 공간을 활용해야 했다. 6평을 현관, 세탁실, 드레스룸, 화장실, 거실, 주방, 침실, 야외정원까지 8개의 공간으로 구분했다. 여기에 태양열 에너지로 전기를 생산하는 등의 아이디어를 더해 궁극적으로는 자급자족이 가능한 삶의 방식을 구현해 보고 싶었다. 그러나 원대한 계획은 곧 난관에 부딪혔다. 처음 코부기를 짓기 위해 건축 일을 배울 때만 해도 농막에서 거주가 가능한 줄 알았다. 하지만 나중에 알고 보니 농막은 법적으로 거주지로 사용이 불가능하며 건축허가가 없으면 정화조를 묻거나 달 수 없었다.

내가 살 집을 짓겠다는 꿈은 다시금 좌절되었다. 그럼에도 불구하고 나는 코부기 프로젝트를 계속 이어나가기로 했다. 집을 짓는 기술을 배워 두면, 촌에서 쓸 일이 많을 것이고 나중에 진짜 내 집을 지을 때에도 분명 도움이 될 거라고 생각했다. 게다가 주거용으로는 사용할 수 없더라도, 농사를 지으려면 농막이 필요하다. 다양한 도구를 수납하고, 뜨거운 볕을 잠시 피할 수 있는 농막은 촌에서 다양한 활용이 가능하다. 코부기는 1천만 원이라는 저렴한 비용의 이득이 우선 컸다. 또 이동도 가능하다는 장점이 있다. 기술을 배워 농막이 필요한 사람들에게 지어 주면 수익 창출의 도구가 될 수 있을 것이라 생각했다. 가장 마음에 드는 코부기의 장점은 사용자가 원하는 대로 설계 가능하다는 것이다. 또 6평에 불과하지만, 여러 채를 함께 둔다면 각각

용도를 분리해 다양한 공간 활용도 가능할 터였다.

거듭된 고민과 설계 변경 끝에 마침내 나의 첫 집 코부기 1호가 완성되었다. 나의 신체와 생활 패턴, 생산 활동에 맞춰 청년 농부가 밖에서 농사일을 하고 들어와 바로 씻고, 빨래하고, 옷을 갈아 입을 수 있게 출입문 쪽에 화장실과 세탁실, 옷장을 두었다. 중간에 층고가 높은 거실 겸 작업 공간을 배치하여 작은 집이지만 답답하지 않게 공간을 활용하였고, 요리하는 것을 좋아해 주방은 작은 집에 비해 크게 배치하였다. 그리고 주방 아래 식재료와 생활용품을 보관할 수 있는 공간을 마련하여 수납 공간을 확보하고, 입구 위쪽 다락에 침실을 만들었다. 협소한 공간 탓에 코부기에 살려면 가지고 있던 짐들을 주변에 나눠 줘야 했다. 뭔가를 사고 싶어도 얼마나 오래 사용할 것인가를 고민하다 보니 신중하게 물건을 사게 됐다. 자연스럽게 미니멀리즘이 따라왔다. 많은 장점이 있었지만 나만의 공간이 생겼다는 기쁨은 무엇과도 비교되지 않았다. 당장은 정식 주거가 불가능하지만, 농막으로 사용할 수도 있고 언젠가 땅을 산다면 제대로 정화조를 묻고 주거로서 기능도 가능할 터였다.

## 이동형 주택 코부기

코부기는 6평의 작은 이동형 목조주택이다. 크기도 높이도 작아 저상 트레일러로 이동이 가능하다. 이동이 가능하다 보니 만약 사는 지역을 옮기거나 동네를 옮기더라도 집을 들고 갈 수 있다. 농사를 짓고 있던 땅에서 몇 번이나 쫓겨난 경험이 있던 지황은 집이라도 들고 가야겠다고 생각하고 이동이 가능하도록 코부기를 설계했다.

1호가 청년 농부 지황의 집이었다면, 코부기 2호는 박범주 건축가를 대상으로 맞춤 설계해 내외장재를 좀더 고급화한 휴식형 주택으로 지었다. 3호는 애진의 라이프스타일에 맞춰 침실과 사무 공간을 명확히 분리하는 데 신경을 썼다. 4호는 30대에 한 명의 아이를 둔 세 가족을 사용자로 가정하고 다락은 부가 공간, 1층을 주생활 공간으로 설정했으며 낮에는 소파로 사용하고 밤에는 침대로 사용할 수 있는 맞춤형 가구를 함께 만들어 배치하였다.

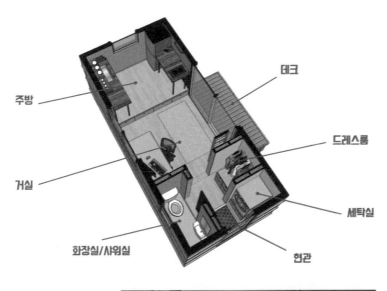

주방

테크

거실

드레스룸

화장실/샤워실

세탁실

현관

# 우당탕탕 초보들의 집짓기

코부기 집을 지을 때 제일 재밌는 것은 '집을 이렇게 지을 수 있구나' 알게 되고, 어떻게 집이 만들어지는가에 대한 호기심이 풀린다는 점이에요. 배운 것을 활용해 내가 살 집도 지어 보고 싶어요. 내가 원하는 20평 정도의 집을 실제로 지을 수 있는 능력이 있기를 바라죠. **시즌1 촌민 재욱**

전문가처럼 완벽하지는 않겠지만, 이제 내 집의 인테리어나 간단한 보수 정도는 충분히 할 수 있겠다는 생각이 들어요. 저는 아내가 있어 여섯 평으론 부족하지요. 아이가 생길 경우엔 더 그렇고요. 코부기 세 채나 네 채를 엮어 20평 남짓한 집을 지어 보고 싶은 생각은 있어요. **시즌1 촌민 찬형**

"집 한 채 지을 때마다 10년씩 늙는다."

처음 지황이 코부기 1호를 지을 때 건축소장님이 해 주셨다는 이야기다. 6평짜리 작은 목조주택인 코부기는 1~2개월이면 지을 수 있다. 물론 현장에 능숙한 전문가라면 일주일만에 뚝딱 만들 수도 있겠지만, 이건 집을 몇 십 채는 지어 본 경험이 있어야 가능하다. 전문가가 아니라면 공구에 능숙한 사람이라 해도 1개월 이상을 잡아야 한다. 당연히 처음 집을 지어 보는 사람이라면 더 많은 시간이 소요되고, 주변 환경과 날씨 등 다양한 변수에 따라 3개월에서 6개월까지도 걸릴 수 있다.

막 둥지를 튼 양아분교에서 촌에 입주한 청년들과 함께 '코부기 워크숍'을 시작했을 때만 해도 우리의 목표는

105일 동안 코부기 5호, 그러니까 작은 집 한 채를 완성하는
것이었다. 꽤 넉넉하게 시간을 잡았다고 생각했다. 하지만
코부기 5호가 완성되기까지 예상보다 더 오랜 시간이 걸렸다.
촌민 중에는 건축회사에서 일한 재욱처럼 건축 관련 지식이
있는 사람도 있었지만, 대부분 기초 공구도 다루지 못하는
생초보였다. 코부기 4호 워크숍을 참가한 내가 그나마 나은
편이었다. 먼저 워크숍을 진행하면서 기초 공구를 다루는
법부터 설계도면 그리는 법, 자재 목록을 작성하고 주문하는
법, 작업공정표를 작성하는 법까지 하나하나 공유하고
숙지하는 시간을 가졌다. 그것만으로도 한 달이 훌쩍 지났다.

     현장에는 언제나 변수가 존재한다. 두모마을에 자리
잡기 전, 진주 깔깔숲에서 코부기 미니를 지을 때에는 현장이
산속이다 보니 땅이 평평하지 않았다. 주춧돌을 배치하는데
흙바닥에서 높이와 수평을 맞추는 게 여간 어려운 일이
아니었다. 기준점이 되는 주춧돌이 자꾸만 틀어져서
몇 번이나 처음부터 다시 작업했다. 게다가 산 속이다 보니
전신주와 거리가 멀어 전기를 끌어오는 데에 계속해서
문제가 생겼다. 간신히 전기를 연결해도 먼 거리 때문인지,
낮은 전압 때문인지 기계가 작동하지 않아 어려움을 겪었다.

     코부기 5호를 제작할 때는 다행히 평평한 콘크리트
바닥이었고, 학교 건물에서 전기를 끌어와 작업할 수
있어 환경은 훨씬 좋았다. 문제는 날씨였다. 2019년 여름,
남해에는 태풍이 연달아 왔다. 한 달 넘게 비가 계속 내렸다.
코부기 자재는 목재가 많은데, 목재는 비와 습기에 약해
보관이 쉽지 않다. 더욱이 자재를 안전하게 보관할 창고가
없는 우리는 태풍이 지나가는 동안 속절없이 스케줄이
엇나가는 것을 바라볼 수밖에 없었다. 세 번의 태풍이
지나가고 나서야 우리는 파란 하늘을 마주할 수 있었다.

     따라 주지 않은 날씨로 계획보다 늦게 시작한 코부기

워크숍은 고되지만 즐거웠다. 태풍이 휩쓸고 간 남해는 10월에도 한낮에 뜨거운 볕이 내리쬐며 여름 못지않은 더위가 이어졌지만 촌민 모두가 기다리던 집짓기를 시작하며 기대에 부풀었다. 날씨만큼이나 집을 짓는 과정 또한 늘 예측불가의 일로 가득했지만, 뚝딱뚝딱 기초 틀이 잡히고 벽면이 세워지는 것을 보면 신기하고 즐거웠다. 목조주택을 지을 땐 꽤 세심함이 필요하다. 3~5mm정도의 미세한 오차가 큰 문제로 연결되기 때문이다. 또 목재의 상태에 따라 변수가 생기기도 한다. 제아무리 정확하게 재단해도 목재 자체가 휘어 있어 오차가 생기기도 해서 목재 상태를 확인해 가면서 작업을 진행해야 했다.

모든 게 처음인 비전문가들이 모여 함께 몸을 쓰며 집을 짓는 과정은 여러 가지 감정을 느끼게 했다. 집을 짓는 과정을 통해 촌민들은 어느새 공구를 편하게 다룰 줄 알게 되었고, 함께 일을 하면서 점차 다음에 필요한 자재나 공구를 먼저 생각해 준비를 할 정도로 나날이 익숙해졌다. 문제가 발생했을 때는 해결하기 위해 함께 아이디어를 내고 문제를 풀어 나가면서 보람과 희열을 느끼기도 했다. 그러나 아쉽게도 시즌1의 촌민들은 코부기를 완성할 수 없었다. 기초 공사를 겨우 끝낸 코부기 5호는 시즌2 촌민들이 이어서 제작해 거의 1년 만에야 완성할 수 있었다.

마지막으로 지붕 작업을 했을 때에는 이제 더 이상 비 오는 날마다 코부기를 걱정하지 않아도 되겠다 싶어 마음이 편안해졌다. 그리고 궁금해졌다. 내가 만든 집에서 산다는 건 어떤 느낌일까?

# 그림으로 보는 코부기

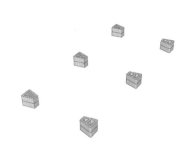

1. 레벨체크와 주춧돌 놓기

2. 기초각관용접

3. 토대, 기초단열, T&G합판

4. 구조

5. 지붕, 외벽 OSB

6. 외벽, 지붕방수시트

이상하고 아름다운 판타지 홈 라이프

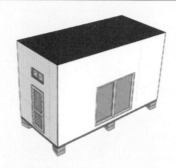

7. 창호, 도어

8. 레인스크린, 외장재, 지붕재

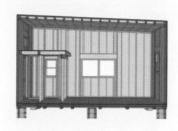

9. 내부단열

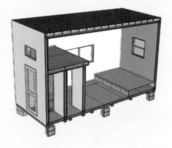

10. 내벽 OSB, 석고보드, 내부 페인팅

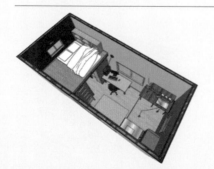

11. 인테리어

10분만에 보는 이동식주거 만들기, DIY 움막짓기

# 시골에서 집 구하기

집 짓기를 경험하며 '집을 짓는 건 어려운 거구나, 혼자서는 짓지 못하겠구나' 했어요. 예전에는 집을 혼자서 지을 수도 있겠다고 생각했거든요. 지금은 집은 임대하는 거라는 생각이 강하죠. 제가 평소 집에 대해 생각한 건 기능적인 측면이더라고요. **시즌1 촌민 준민**

나만의 집을 짓는 건 꽤 많은 사람의 꿈이지만, 자본과 시간, 노력, 그리고 기술이 필요하다. 촌으로 이주를 고민하는 청년들은 집을 빌리거나 사는 일에 관심이 더 많았다. 시즌1 촌민들이 입주한 지 두 달이 되었을 무렵, 슬슬 팜프라촌 이후를 생각하는 청년들이 생겨났다. 부부인 준민과 진영은 남해에서 조금 더 살아 보기로 결정하고, 살 집을 알아보기로 했다. 두 사람은 텃밭을 가꿀 수 있는 마당이 있는 촌집을 빌리거나, 옛 점빵(작은 가게를 일컫는 경상도 방언) 같은 가게가 딸린 작은 상가 주택을 임대하고 싶어 했다. 당장 구매하기보다는, 1년 정도 살아 본 후에 신중하게 매매를 결정하고 싶다는 바람이었다. 하지만 촌은 도시와 달리 주거 정보를 얻기가 쉽지 않다. 이주를 고민하고 있는 찬형도 관심이 있어 집을 찾는 과정을 하나의 프로젝트 삼아 귀촌한 사람들을 찾아가 조언을 구하기도 하고, 남해군청과 귀농귀촌센터도 방문해 남해에서 어떻게 집을 구하는지, 집을 사거나 빌릴 때 고려할 점은 무엇인지 알아보았다. 이어지는 인터뷰는 2019년에 진행한 기록을 정리한 것이다.

**1** 동고동락협동조합 안병주 이사장님

남해 동고동락협동조합은 상주중학교가 대안교육 특성화 중학교로 탈바꿈하면서 아이들 교육을 위해 남해로 이주한 사람들이 만든 지역공동체 협동조합이다. 안병주 이사장님은 학부모들이 상주에서 집을 구할 수 있도록 많이 도와주신 분이기에 우리도 조언을 구해 보기로 했다.

### 남해에서 집을 구하려면 어떻게 해야 하나요?

아는 사람을 통해서 소개받는 것이 좋다. 부동산을 통하는 것도 방법이다. 시골은 영향력 있는 어느 한 부동산이 잡고 있는 경우가 많다. 그래서 매매 수수료가 비싸다. 때문에 조금 친해지면 직접 거래하는 것이 많다. 동네 분들에게 소개를 받고, 발품도 많이 팔아야 한다. 돌아다니다 보면 멀쩡한 집이 잘 없다. 부동산에는 주로 매매가 많고 월세는 거의 다루지 않는다. 마을 이장님들을 찾아가는 것이 가장 빠르다.

### 처음 집을 구할 때 주의할 점이 있나요?

일단 사람을 조심해야 한다. (시골 사는 게) 생각보다 터치를 하지 않는데 (그래도) 보는 눈이 많다. 세를 주고 나서 마당에 풀이 있고 하면 뭐라고 하시는 어르신들도 있다. 친근감 있게 다가가면 할머니들이 잘 챙겨 주신다. 도시가 아니다 보니 선택의 폭이 넓지 않다.

### 저희는 작은 텃밭이 딸린 집을 매매하거나 월세로 살아 보고 싶습니다.

텃밭 딸린 집은 운이 좋아야 얻을 수 있다. 하지만 굳이 텃밭이 딸려 있지 않더라도 "밭 갈아 줄 테니까 한번 해 봐"라며 그냥 밭을 빌려주시기도 한다. 노는 밭이 많고,

연로하신 분들이 많아서 필요하면 구할 수 있다. 하지만
모두 발품을 팔아야 하는 일이다. 또 시기가 맞물려야 한다.
구할 때는 없다가 나중에 좋은 게 나오기도 하니.

### 남해 상주면에 저희와 비슷한 30대 청년 또래가 많이
### 살고 있나요?

30대보단 주로 40대 학부모님들이 많다. 초등학교 때문에
미리 이사 오시는 분들 중에는 30대도 있다. 청년들은
보기가 어렵다. 학부모들은 대부분 상주면에 집을 구한다.
교육 때문이다. 상주에 정착하는 이주민이 늘어나는 데에는
상주중학교가 큰 역할을 하고 있다.

### 남해에 마을과 관련된 지원 사업이나 단체 혹은 개개인
### 청년들이 도움을 받을 수 있는 귀촌 정책 같은 게
### 있을까요?

마을과 함께 풀면 (이주할 때) 콘텐츠나 물리적인 조건,
기반을 최소한으로 할 수 있다. 마을 분들은 집주인들을 다
알고 있고, 또 마을회관 등 빈 공간들이 있다. 이런 곳들을
활용하겠다고 마음만 먹으면 관련해서 공모할 수 있는
사업들이 있다. (그런데) 이게 마을에서 의지가 모아져야
하는 일이다. 원래 살고 있는 사람 중에 관심 있는 사람들과
함께 만들어 가야 하는 것이다. 요즘 추세를 보면 마을에
새롭게 이사 오는 사람이 많다. 조금씩 개방적인 분위기로
바뀌어 가고 있다. 이런 상황이 행정 정책과 맞물리면
시너지가 있을 것이다.

**2** ⎯ 남해군농업기술센터 귀농귀촌팀

### 귀농인의 집은 어떻게 입주하나요?

귀농인의 집은 현재는 다 차 있다. 선착순 모집은 아니고
인터넷 홈페이지를 통해서 공개 모집을 한다. 귀농인의 집
중에 한 곳이 6개월 계약을 해서 11월 즈음에 하나가 나올
예정이다. 보통 젊은 사람이나 식구가 많은 사람을 위주로
우선순위가 결정된다. 가까운 지역보다는 멀리서 오는
사람일수록 (입주에) 유리하다. 또한 농촌을 살리려는 사람을
받고자 하기 때문에 (마을 일을) 도와줘야 한다. (귀농인의
집) 집주인은 (남해군에) 7년 정도 임대를 해 줄 테니 관리를
해 달라는 것이 목적이고, 센터에서는 3천만 원을 들여서
리모델링을 한 후에 동네 이장님과 계약을 체결하고 위탁을
하는 방식이다. 이장님이 집 관리를 해 준다. 또한 입주자는
월에 10~15만 원 정도로 (저렴한 비용으로) 계약한다.
(이 비용은) 동네에 지불하는 것이다.

### 귀농인의 집 외에 남해군에서 집을 구할 방법은 무엇이
### 있을까요?

개인적으로 싼 집을 알아보고 발품을 팔 수밖에 없다.
동네 이장님이나 이웃에게 묻는 것이 가장 좋다. 할머니들은
잘 안 가르쳐 주신다(귀도 어둡고 잘 모르셔서). 일단은
이장님과 잘 지내는 것이 중요하다. 이장님이 계약서를
써 주지 않으면 살 수도 없다. 우선 집주인도 집을 내놔야
하겠지만, 집을 관리해 주는 사람은 주로 이장님이니
삼박자가 잘 맞아야 한다.

## 이장님은 어떻게 만나나요?

(주변에) 물어보면 된다. 면사무소나 동네에 가서 물어보면
이장님 전화번호를 알려 준다. 진짜 집을 팔 의지가 있는
사람은 부동산 공인중개상에 내놓는다. 하지만 남해에는
빈집이 있어도 안 내놓는 사람들이 많다. 언젠가는 다시
고향에 돌아와 살고 싶다는 회귀본능이 있는 것 같다.
왜 군에서 (부동산 관련 정보를) 홈페이지에 올리지 않느냐
하면 개인정보이기도 하지만, 부동산에서 불만을 표하기도
한다. (센터 측에서 가지고 있는) 빈집에 대한 정보는
귀농인의 집 정도다.

## 아직 매매는 섣부른 것 같고 1년 정도 살아 볼 수 있는 집을 찾고 있는데, 조언해 주실 수 있을까요?

귀농인의 집은 (현재는) 다 나갔다. 이곳은 농촌 체험이
목적이지 장기 거주자를 위한 시설이 아니다. 귀농인의 집은
최후의 선택지로 두고, 장기적으로 볼 때는 저렴한 마을 집을
알아보는 것이 더 나을 것이다. 남해에서 제일 핫 플레이스는
삼동(독일마을), 창선(삼천포 근처), 남면(다랭이마을)이다.
바다가 있고 경치가 좋으니까. 이동면, 고현면, 설천면 쪽은
조금 싸다.

## 현재 남해군이 관리하는 귀농인의 집 현황은?

기존에는 5개였는데 더 짓고 있다. 공사가 진행되려면
3~4개월 정도 걸린다. 연말쯤이면 더 지어질 것이다. 주로
1년 계약을 하지만, 6개월 계약으로 회전율을 높이기도
한다. (위치도) 금평마을, 이여리 등 괜찮은 곳이 있다. (군의
입장에서) 어려움도 있다. 마을에 수입을 배분하는 과정에서
힘이 들기도 한다.

## 매매할 때 주의할 점이 있을까요?

덜렁 계약하지 말고 토지는 매매 전에 인허가 팀을 불러서
집을 지을 수 있는지, 건폐율은 얼마인지 먼저 확인해 보는
것이 좋다. (군청의 복합민원에 확인하면 된다.) 그리고
아침, 점심, 저녁으로 다 가 보는 것을 권한다. 바람의 방향에
따라서 퇴비 냄새가 날 수도 있다. 현장에 가서 봐야 한다.

## 다른 청년들은 왜 남해에 왔고,
## 어떻게 집을 구했을까?

남해에는 우리보다 먼저 이주해 자리 잡은 청년들이 있었다. 이들은 아직 남해 생활이 낯선 우리에게 존재만으로도 든든했고, 좋은 친구이자 조언을 구할 수 있는 선배이기도 했다. 이 청년들은 남해에 왜 정착했으며, 어떻게 집이나 가게를 구했을까? 우리는 남해 이주 청년을 대상으로 주거 현황을 살펴보았다.

총 12명의 이주 청년을 인터뷰했는데, 이 가운데 2명은 남해가 고향이고, 나머지는 모두 타지에서 이주해 왔다. 남해로 이주한 까닭은, '도시 생활에 회의가 들어서'(3명), '남해가 좋아서'(5명), '직장 때문에'(1명), '시골에서 살고 싶어서'(3명)라고 답했으며, 자영업(문화공간, 카페, 게스트하우스 등) 종사자가 가장 많았다(9명). 이들이 집이나 가게를 매매 또는 임대한 방식은 지인 소개(5명), 부동산 중개(4명)였으며, 가족이 운영하던 공간(1명)을 물려받았거나, 직접 발품 팔아 직거래를 한 경우(1명)도 있다.

대부분 지역 신문 그리고 남해군에서 운영하는 홈페이지의 '사고팔고' 게시판을 통해 얻은 정보가 유용하다는 팁을 덧붙였다. 어느 지역사회나 그 지역에 대한 정보가 가장 활발하게 오가는 온라인 커뮤니티가 있기 마련인데, 남해는 홈페이지의 게시판이 그 역할을 하고 있다는 것이다. 또 군에서 진행하는 청년상인 지원 사업을 통해 건물을 임대 받거나 인테리어 비용을 지원받을 수 있다는 정보도 얻을 수 있었다. 이어지는 인터뷰는 2019년 가을에 이루어진 것으로, 진영과 뚜또가 진행을 맡았다.

# 1 해변의 카카카 : 하성민, 정소형

2018년부터 남해에 살고 있는 청년 창작 집단이다. 남해에서 영화제를 열고, 책을 만들고 있다.

### 남해에는 어떻게 이주하게 되었나요?

**성민**  남해가 고향인 친구가 다큐멘터리 영화를 찍는다고 했다. 서울살이에 지친 친구들이 남해로 오는 과정을 담은 다큐멘터리였는데, 제작 과정에 참여하며 남해가 좋아져서 이주를 했다.

**소형**  성민과 여러 친구와 함께 남해에 공동 거주지를 두고 서울과 남해를 오가며 생활하고 있다. 단체로 이주한 경우라고 보면 된다. 서울에서 생활하는 방식도, 남해에 내려온 목적도 서로 달랐다. 하지만 서울에서 남해로 이주하는 것엔 모두 공감대를 갖고 있었다. 그래서 함께 살 집을 구하게 되었다.

### 이주를 결심하고 처음에 집은 어떻게 구했나요?

**성민**  남해군 홈페이지 '사고팔고' 게시판에 집을 구한다고 글을 올렸다. 보증금 500만 원, 월세 30만 원으로 조건을 내걸었는데, 어느 집주인이 그 글을 보고 연락을 해 왔다. 방이 세 개였고, 마을의 중심이 아닌 외곽 쪽, 바닷가 코앞에 위치한 집이었다. 단번에 마음에 들어서 바로 계약을 했다. 월세도 조율하여 28만 원으로 계약했다.

**소형**  마음에 드는 집을 만나기까지 여러 방법으로 집을 보고 다녔다. 남해에 먼저 이주한 분을 통해 부동산을 소개받기도 했고 남해가 고향인 친구가 있어서 그 친구 아버지를 통해 집을 알아보기도 했다.

**집을 구할 때 주로 어떤 것들을 고려했나요?**

**소형**    무조건 월세인 곳만 찾았다. 매매나 전세는 금전적으로 부담스러웠다. 그런데 부동산에는 월세 매물이 거의 없었고 다른 선택지도 드물었다. 그 밖에 집에 크게 기대한 점은 없었다. 함께 생활할 친구들이 많으니 집이 좀 컸으면 좋겠다는 정도였다.

**지금 살고 있는 집에 계속 거주할 생각인가요?**

**성민**    집주인이 집을 판다고 한다. 집을 살 만큼 모아 둔 돈은 없어서 새로 이사할 집을 찾고 있다. 남면을 벗어나 다른 곳에서 살아 보고 싶기도 하다. 여럿이 살아 보니, 지금보다 더 개인 공간을 확보할 수 있는 집이면 좋겠다.

**남해로 이주 및 정착을 고민하는 사람에게 해주고 싶은 말이 있나요?**

**소형**    인터넷으로 집을 찾는 건 한계가 있다. 남해에 내려와서 살아 봐야 자기에게 맞는 것과 불편한 것을 발견할 수 있을 거라고 생각한다. 필요하면 언제든 우리에게 도움을 구해도 좋다.

**성민**    서울에서 남해로 이주해 온다는 게, 서울 내에서 다른 동네로 이사하는 것과 크게 다르지 않다고 생각한다. 사람 사는 곳은 다 똑같으니까. 이사 와서 살아 보다가 잘 맞지 않으면, 다시 다른 동네로 이사 가면 되는 거다. 다만 혼자 이주하는 것은 부담이 될 거 같다. 우리처럼 함께하는 친구들이 곁에 있으면 더 좋을 것 같다. 직접 내려와서 먼저 살고 있는 사람들의 이야기를 듣고 도움을 구하길 바란다. 우리도 그런 과정을 거쳤다. 어떻게든 굶어 죽진 않는다고 생각한다.

**2**

## B급 상점 : 우세진

서울과 아내의 고향인 부산을 거쳐 2015년 1월부터 남해에서 아내, 그리고
세 명의 자녀와 함께 살고 있다. 남면에서 B급 상점을 운영 중이다.

### 남해에 어떤 계기로 이주하게 되었나요?

아이 둘을 데리고 갯벌체험을 하러 온 적이 있다. 그때 남해가
좋아져서 가족들과 여러 번 남해로 여행을 왔다. 좋은 기억이
쌓이다 보니, 살아 보자는 생각이 들었다. 그렇게 시작한
남해살이가 벌써 5년을 넘겼다. 이렇게 오랫동안 살아 본
동네가 없다. 그만큼 지금의 삶에 만족한다.

### 이주를 결심한 뒤, 집은 어떻게 구했나요?

부동산을 통해서 구했다. 남해에 연고가 전혀 없으니,
부동산밖에 갈 곳이 없었다. 모든 부동산이 친절하진
않았지만 간혹 우리와 잘 맞는 부동산이 있었다. 부동산들을
하나하나 찾아다니다가 지금 살고 있는 집을 만났다.

### 집을 구할 때 특별히 원하는 조건이 있었나요?

특별히 없었다. 부동산을 따라다니며 좋은 집도 보았고, 거의
무너져 가는 집도 보았다. 그러다가 지금 이 집을 만났는데
마음에 들었다. 집으로 걸어가는 돌담길, 집에 딸린 창고와
잔디마당, 모든 것이 좋았다. 아내도 같은 생각이었다. 마음에
드는 집을 만나니 일사천리로 일이 진행되었다. 곧바로 매매
계약을 하고 집수리를 시작했다.

### 처음부터 매매를 하는 것이 부담스럽진 않았나요?

남해로 오기 전엔 아내의 고향인 부산에서 30평 아파트에

전세로 살고 있었다. 그런데 120평 규모의 마당과 창고가
딸린 이 집을 사는 가격이 아파트 전셋값보다 저렴했다.
살 집만 있으면, 무엇을 해서든 우리 가족이 먹고살 수 있지
않을까 생각했다.

### 마을에 이사 온 뒤, 텃세는 없었나요?

운 좋게도 나는 텃세 때문에 고생한 일은 없다. 귀촌할 때
마을이 진짜 중요하다고 하는데, 그건 직접 살아 보지 않는
이상 모르는 것이다. 나도 전혀 모르는 마을에 들어와 우선
살기 시작했는데, 살다 보니 우리 마을이 되게 좋더라.
운이 좋았다고 말할 수밖에 없다.

### 집을 고치는 데는 시간이 얼마나 걸렸나요?

두 달 반 정도 걸렸다. 집을 고치는 동안은 집에 딸린
창고에서 지냈다. 창고에 다행히 화장실과 싱크대가 있어서
임시로 생활하는 데 어려움이 없었다. 또 이삿짐을 창고에
보관해 둘 수 있어 큰 고민 없이 이사를 올 수 있었다.

### 집수리는 예상 비용 내에서 진행되었나요?

공사를 진행하다 보면 계속 새로운 문제들이 생긴다. 우리도
계획한 것보다 더 많은 비용이 들었다. 만약 아내와 둘이서 살
집이었으면 도배만 깔끔하게 했을 텐데, 어린아이들이 있다
보니 난방과 수도 등을 신경 써야 했다.

### 수리 업체는 어떻게 구했나요?

부산에 살 때 알던 인테리어 업체가 있었다. 그곳을 통해
목수를 소개받았다. 별도로 다른 전문 인력이 필요하면
그 목수님이 직접 남해에서 사람을 구해 진행했다. 대부분
공사할 때 돈이 더 들더라도 진주나 부산에서 사람을 구해서

일을 맡긴다고 하더라.

### 남해에서 아이를 키우는 건 어떤가요?

살고 있는 면에 유치원부터 고등학교까지 다 있다.
스쿨버스가 다닌다. 요즘 아이가 읍내에 있는 태권도 학원에
다니고 싶어 하는데, 그럴 때면 학원이 있는 읍내에 나가 살고
싶다는 생각이 들기도 한다. 그것 말곤 크게 아이들 교육에
대한 걱정이나 어려움은 없다. 면 단위에 아이들이 운동을
하거나 배울 수 있는 학원들이 생기면 좋겠다는 바람은 있다.

### 5년 넘게 남해에서 살아 왔는데, 만족스럽나요?

시골 생활에 대한 막연한 동경으로 남해에 왔다. 맑은
공기라든지, 마당에서 아이들이 실컷 뛰어놀며 자랐으면
좋겠다든지. 이곳에서 생활을 하면 할수록 더 만족스럽다.
조금 빠듯하지만, 경제적 어려움은 도시가 더 크다고
생각한다. 지금까지 마을이 주는 힘이 컸다. 그런 점이
감사하고 행복하다.

### 남해 이주를 고민하는 청년에게 전하고 싶은 말이
### 있나요?

만약 이주하기 전에 하나하나 철저하게 조사하고
준비했다면, 지금처럼 온 가족이 함께 남해에 오지 못했을 것
같다. 사전에 충분히 이주 계획을 세우기엔 남해가 워낙
정보가 없다. 구체적인 계획이 없더라도 일단 와서 살아
보아도 괜찮다고 말해 주고 싶다. 남해는 여전히 불모지다.
제주만큼 경쟁이 심하지 않다. 서로 관심을 갖고 응원해 주는
분위기다. 하고 싶은 일을 시작하기에는 도시보다 남해가
훨씬 낫다고 생각한다.

# ③ 아마도책방 : 박수진

우연히 휴가차 남해에 왔다가 2017년 정착했다. 2018년 3월부터 지족구거리에서 아마도책방을 운영했으며, 2022년 10월 31일 책방 문을 닫았다.

### 남해에는 어떤 계기로 이주했나요?

속초에서 게스트하우스 스태프로 일하다 휴가차 남해로 여행을 왔다. 남해는 속초와 분위기가 사뭇 달랐다. 여행으로 두세 번 정도 오가다가 남해에 정착했다. 남해만의 여유로운 분위기가 좋았다.

### 지금은 어디서 거주하고 있나요?

지족에 있는 오래된 아파트에 거주하고 있다. 아파트는 최후의 선택지였지만 마음에 드는 집을 구하지 못해 할 수 없었다. 월세로 나온 촌집이 하나 있었는데, 너무 방이 좁은 데다 집 바로 뒤에 대나무 숲이 있어서 포기했다. 이전에 지내던 게스트하우스도 대나무 숲과 멀지 않은 집이었는데, 너무 습하고 벌레가 자주 나와 고생했다.

### 집을 구할 때 어떤 점을 고려했나요?

책방이 있는 삼동면일 것, 반려동물과 함께 살 수 있는 주택을 우선할 것. 그 정도였다. 책방도 매달 월세가 나가니 되도록 집은 월세보다는 전세이길 바랐다. 그러다 보니 지금 살고 있는 아파트말고는 적당한 집을 찾기 어려웠다.

### 주로 부동산을 통해 집을 알아 봤나요?

여러 방법을 활용했다. 부동산도 알아보고 남해군 홈페이지 '사고팔고' 게시판도 훑어보고, 발품도 팔고. 여러 방법을

동원했다가 처음 접촉했던 부동산에서 연락이 와 지금의
아파트를 구했다.

### 지족구거리에 빈집이나 빈 상가가 많지 않나요?

나도 처음엔 그렇게 생각해서, 여기저기 여쭤도 보고 쪽지를
남겨 보기도 했다. 그런데 아무 답변을 받지 못했다. 알고
보니, 가게와 살림집이 붙어 있는 경우가 많은데 더 이상
상점을 운영하지 않더라도 여전히 집에서 생활을 하는
경우가 많았다. 그래서 팔거나 세를 놓는 경우가 적고,
평소에는 잘 안 쓰더라도 명절이나 여름휴가 때 가족이나
친지들이 모일 경우가 있으니 팔지 않는다고 들었다.

### 지금 살고 있는 아파트에 계속 거주할 계획인가요?

계약이 끝나면 이사를 가고 싶다. 아파트라 편한 점은 있다.
풀이나 벌레와 씨름하지 않아도 되니까. 가게를 운영하니,
퇴근 후에 집을 돌보는 데 많은 에너지를 쓰면 정말
피곤했을 거다. 하지만 너무 오래된 아파트라 그런지 층간
소음이 정말로 심하다. 마당 있는 주택에 비해 답답한 것도
있고. 그래서 계약 기간이 끝나면 다시 주택으로 집을 알아볼
생각이다.

### 다시 집을 구하면 좀 더 수월하지 않을까요?

경험은 계속 쌓이고 있지만 항상 어렵다. 다만 이제는
어떤 집을 피해야 하는지 판단할 수 있는 노하우가 조금은
생겼다고 할까. 최대한 품이 덜 드는 집을 구하고 싶은데
어려울 것 같다. 내가 원하는 위치, 가격 등 여러 조건을
만족하는 집을 찾는 게 쉽지 않을 테니까. 이곳은 도시보다
매물 자체가 너무 없다. 운도 큰 것 같다. 아무리 발품을
팔아도 집을 못 구하는 경우가 있고, 어쩌다 단번에 구해지는

경우도 있고.

### 남해 이주를 고민하는 사람에게 해 주고 싶은 말이 있나요?

남해에 온다고 해서 모든 문제가 자연스럽게 해결되진 않는다. 도시와 다른 환경인 만큼 이전과는 다른 새로운 문제를 마주할 수도 있다. 무엇이든 급하게 결정해서 일을 진행하는 건 피하길 바란다. 한 달이라도 남해에서 지내본 뒤 천천히 결정해도 충분하다. 대부분 청년들이 남해로 이주하면 자영업밖에는 길이 없다. 다른 일자리가 없으니까. 그런 일이 자기에게 잘 맞을지 그 점도 충분히 생각을 해 보면 좋겠다.

## 4 　 돌창고 : 최승용

지리산과 섬진강 일대에서 성장했고 역사와 문화콘텐츠 기획을 공부했다. 유휴공간을 재생하여 문화인프라를 구축하는 헤테로토피아(Heterotopia) 대표로 문화공간 돌창고를 운영하고 있다.

### 남해에는 어떻게 이주하게 되었나요?

돌창고라는 건축물을 만난 것이 계기였다. 서울에서 공부를 하고 있을 때 남해에 살고 있는 친구가 돌창고를 알려 주었다. 인문적 가치와 건축적 가치가 있었다. 돌아가 며칠 고민하다가 돌창고를 구입했다. 남해에 살고 싶어서 이주했다기보다는 돌창고라는 가치 있는 건축물이 남해에 있어서 이주해 왔다고 보면 된다.

### 이주를 결심한 뒤 어디서 생활했나요?

대학원을 마치고 내려와 돌창고 재생 기획을 위해 친구 집에서 2개월 정도 얹혀살다가 읍내에 월셋방을 구해 살았다. 현재는 돌창고 전시장 옆 카페 건물 2층에서 살고 있다. 방이 여러 개라 돌창고와 협업하기 위해 내려오는 작가들이나 디자이너들이 자주 들락날락하며 아티스트 레지던스처럼 활용하고 있다.

### 돌창고와 함께 지금 살고 있는 건물도 구입한 건가요?

처음에는 임대를 했다. 돌창고에서 전시를 오픈하니 찾아오는 사람들과 함께 모여 이야기하는 공간이 필요했다. 주변을 둘러보니 마침 바로 옆에 2층 건물이 눈에 들어왔다. 1층은 마늘과 시금치와 같은 농산물을 보관하고 작업도 하는 창고였고 2층은 주택이었다. 집주인을 찾아가 1층만

임대하려고 하니 2층까지 통으로 임대하라고 했다. 그래서
1층은 카페, 2층은 숙소로 쓰다가 1년 후 건물을 구입했다.

### 월세로 지내다가 건물을 사겠다고 결심한 특별한 계기가 있나요?

전시와 카페를 즐기러 오는 방문객이 오픈 6개월 정도
지나니 물밀 듯이 몰려왔다. 도저히 감당이 안 되어서
문을 임시로 닫아야 할 정도였다. 그때 건물을 사야겠다고
결심했다. 2016년 시작할 당시에는 지금 돌창고 카페처럼
영업장의 모습이 아니었고 전시 보러 오는 관람객에게
어머니가 보내 주신 미숫가루 한 잔 타서 내주는 정도였다.
냉장고도 제빙기도 없었다.

### 건물을 사는 과정에서 어려움은 없었나요?

처음 임대로 들어갈 때는 집주인이 팔 생각이라고 했는데
1년 후 찾아가니 안 팔겠다고 했다. 일주일에 한 번씩
찾아가서 진정성을 보이며 설득을 했는데 예전에 내놓은
매매가보다 더 비싼 금액을 요구했다. 예상보다 더 큰 금액을
지불하면서까지 건물을 사는 게 맞는지 고민했다. 다양한
사람들에게 조언을 구했는데 돌창고를 계속한다면 바로 붙어
있는 옆 건물의 활용도가 높기에 장기적인 관점에서 사는
것이 맞다고 판단했다. 전 주인분이 우리 마을에 함께 살고
있는데 웃으며 잘 지내고 있다. 부동산을 파는 입장에서는
그럴 수 있다고 지금은 이해한다.

### 남해 이주를 고민하는 청년에게 해 주고 싶은 말이 있나요?

이주했을 때 주거와 밥벌이에 대한 고민이 있을 텐데
지역에서 그런 정보들은 한곳으로 모이기보다는 작은 단위의

공동체에서 공유되는 경우가 많다. 집을 구하고 싶다거나
내 재능을 펼칠 만한 곳을 찾고 싶을 때는 이웃이나 마을
이장님께 물어보며 스스로 정보의 그물망을 펼쳐야 한다.
온라인이나 행정의 문만 두드릴 것이 아니라 작은 공동체와
이웃 그리고 남해에 먼저 정착한 친구들에게 자신의 결핍을
말하면 의외로 빨리 답이 온다. 그런 면에서도 이웃과
잘 지내는 것이 중요하다.

## 시골 마을에 대한
## 낭만과 현실

누군가 지역에서 살 수 있냐고 제게 물어본다면, 현실과
로망의 중간에서 그 두 가지를 다 고민해 보아야 답을 할 수
있을 것 같아요. 지역에 살면서 수반되는 여러 고려 사항이
있잖아요. 로망만 있다면 두모마을에 들어와 살 수도 있죠.
자연과 바다가 바로 앞에 있으니까요. 하지만 현실적으로는
정말 많은 것을 고려해야 하죠. **시즌1 촌민 뚜또**

이주를 고민할 때 주거 공간을 선택하는 것도 중요하지만,
어떤 마을을 선택하느냐도 중요하다. 위치와 환경, 즉 자연
경관은 물론 도로, 학교와 병원, 상업 시설 등의 인프라는
삶과 직결되는 문제이기 때문이다.

　　도시에서 나고 자란 나는 시골에 대한 어설픈 낭만을
꿈꿨다. 하지만 시간이 지날수록 알게 되었다. 낭만은 현장을
모르고 말하는 철없는 단어였다. 촌에 사는 일은 막연한
낭만을 걷어 내고 현실을 일상으로 끌어안는 일이었다.
남해에 살면서 나는 더 이상 '사람 사는 곳이 다 거기서
거기지'라는 안일한 생각은 하지 않게 되었다. 그만큼 도시와
촌은 너무나도 달랐다.

　　두모마을에서는 하루에 많아야 네댓 명의 사람을
만나곤 했다. 그래서 한 사람 한 사람이 귀했다. 좁고 깊은
인연이 가능한 환경이었다. 그러다가 서울에 올라가면
버스에서 내린 순간부터 숨이 턱 막혀 왔다. 공덕오거리에
서서 바삐 걸어가는 사람들과 경적을 울려 대는 성난 차들을
보면 순간 머리가 띵 하고 울렸다.

서울에는 바로 집 앞에 편의점이 2~3개가 있는데, 두모마을에는 작은 구멍가게 하나 없다. 아이스크림이라도 사 먹으려면 차를 끌고 언덕을 넘어 5분은 가야 편의점이 있다. 식당에 가려면 10~20분은 가야 한다. 상황이 이럴진대 배달이 될 리가 만무하다. 배달 어플을 켜면 수백 개의 식당이 '주문 가능'을 외치는 도시와는 달리 이곳에서 유일하게 배달 가능한 메뉴는 치킨이다. 그것도 최소 두 마리 이상을 시켜야만 '차'로 배달해 주신다.

물론 시골이라고 다 두모 같진 않다. 우리가 있는 곳이 특히 작은 촌이라서 그렇지, 10분 거리의 읍내에만 나가도 마트부터 빵집, 카페까지 필요한 것은 다 있다. 문제는 차로 10분 가는 그 읍내마저 멀게만 느껴진다는 것이다. 간혹 뭐 하자고 이렇게 치킨 한 마리 배달 받기도 어려운 촌구석에 들어왔을까 싶은 적도 있었다. 하지만 그것도 잠깐일 뿐 의외로 촌민들은 남해에서의 생활에 만족하는 눈치였는데 가장 큰 이유는 자연 환경 때문이다. 물론 완전한 '이주'가 아닌 기간이 한정된 '이주 체험'이기 때문에 생활 환경의 불편함을 어느 정도 감수하는 것일 수도 있다. 눈뜨면 보이는 남해 금산의 푸르름, 탁 트인 바다와 하늘, 논밭이 펼쳐진 풍경이 주는 심적 여유는 많은 순간 소소한 행복과 평온한 일상에 대한 만족으로 이어졌다.

도시에서 수시로 드나들던 마트와 편의점은 가까이 있지 않으니 굳이 찾지 않았고 예상 외로 불편한 점도 없었다. 작은 텃밭에서 기른 농산물은 물론, 동네 할머니들이 수시로 챙겨 주신 음식들만으로도 먹거리를 구하는 데 큰 어려움이 없었다. 나중에는 내가 정말 필요해서 마트를 가는 것이 아니라, 마트가 가까이 있어서 지금껏 습관적으로 물건들을 사 온 것은 아닐까 하는 생각마저 들었다. 사소한 소비 습관이 줄어드니, 생활비가 절감된다는 것도 장점으로 꼽을 만했다.

오히려 평소에 생각지도 못한 점들에서 촌에 산다는 것은 예상과 다른 여러 측면이 있다는 것을 살아 보며 알았다. 가령 시골에서는 더 여유롭게 일하며 살아갈 것이라는 생각은 그야말로 환상에 불과했다. 업무 환경이 도시와 크게 다르지 않았기 때문이다. 팜프라 멤버들은 하루 종일 컴퓨터 앞에 앉아 있는 경우가 많다. 서류 작업과 자료 정리, 책을 만드는 디자인 작업들, SNS 관리까지 늘상 모니터를 바라보고 있다 보면 이곳이 남해인지 서울 사무실인지 분간이 가지 않았다.

물론 이곳엔 출퇴근길 지옥철이나 러시아워가 없다. 아침이면 새소리를 들으며 일어나고, 한적한 길을 따라 두모천을 옆에 두고 금산을 바라보며 출근한다. 일을 하다 눈이 아프거나 허리가 아프면 당산나무 아래서 노는 고양이들 모습을 구경하거나, 평상에 드러누워 새소리, 풀벌레 소리, 바람 소리, 물소리 등 온갖 소리를 듣는다. 일은 크게 다르지 않지만 자연과 가까이 있어 쉼의 질이 남다르다.

팜프라촌은 청년들이 모여 함께 생활하다 보니 두려움이나 외로움이 상쇄되는 것 또한 큰 장점이다. 그러나 따로 귀촌을 했는데 마을에 또래 청년이 없다면 외로움을 느낄 수도 있다. 또 다수가 일인가구인 팜프라의 청년들과, 결혼해 아이가 있는 가족 단위의 이주는 결정 기준이 다를 수 있다. 실제로 아이들 교육 때문에 이주한 많은 가족이 두모보다는 더 번화한 상주면에 자리 잡고 있는데 그곳에서는 병원, 마트와 같은 생활 인프라가 훨씬 잘 갖추어져 있다. 물론 그 작은 읍내가 서울 같은 대도시의 화려함에 비할 바는 못 되지만, 오히려 그 작고 소박한 풍경이 정겹고 편안하다.

때론 도시의 다양성, 익명성이 그리울 때도 있다. 가끔 아무도 마주치지 않고 혼자 있고 싶고, 아무도 나를 모르는 곳에서 시간을 보내고 싶기도 하다. 새로 생긴 공간이나, 요새 유행하는 공간을 가거나 제품을 구경하고 싶기도 하다. 그렇다고 내가 사는 촌이 도시처럼 변하기를 바라는 것은 아니다. 촌과 도시의 장단점은 분명 존재하고, 그 안에서 내게 맞는 나만의 라이프스타일, 적절한 균형을 찾고 싶다는 생각을 하게 되었다.

## 촌민 인터뷰

## 두모에 있는 것과 없는 것

읍내에는 도서관이 두 군데 있다. 남해도서관과 화전도서관이다. 남해도서관은 자료실에 의자가 없어 책을 읽기 어려웠다. 장서 수도 많지 않아 보였다. 화전도서관은 그래도 약간의 의자가 있었지만 책이 별로 많지 않다는 점은 비슷했다. 신간 도서를 빌리기에 좋다는 장점은 있지만 다양한 분야의 책을 찾아보고 싶은 사용자에게는 아쉬움이 많을 것이라고 생각했다. **시즌2 촌민 수민**

환경의 차이가 크잖아요. 서울 원룸은 환기도 잘 안 되는 답답한 곳이었는데, 이곳은 문을 열면 바로 다른 공기가 들어오고 풍경도 다르니까요. 빨래를 햇빛에 활짝 펼쳐 널고 나면 소소한 행복도 밀려오고요. 서울 원룸은 빨래 너는 것이 가장 스트레스였어요. 여기서 살아 보니 확실히 자연으로부터 오는 정서적 안정감이 꽤 크다고 느껴지거든요. 서울에서 살 때와 똑같이 힘든 일이 있다고 해도, 이곳에서는 회복의 속도가 크게 달라지지 않을까 싶어요. 생각했던 것보다 저는 자연에서 더 많은 힘을 얻는 사람인 것 같아요. **시즌1 촌민 수연**

생활에 꼭 필요한 것들만 소비하는 것에 익숙해지면, 지역살이는 괜찮을 것 같아요. 도심에서 슈퍼 하나 없이 살면 불편할지 모르겠지만, 이곳은 자연에 둘러싸여 있어서 즐겁게 살 수 있는 거 같아요.
**시즌1 촌민 민경**

장단점이 있어요. 단점은 이곳에 몇 대 없는 버스를 타고 병원에 다녀와야 하는 상황이 좀 불편하다는 거. 병원에 다녀야 하는 일은 현실적으로 늘 있고 피할 수 없는 문제니까, 인지하고 감당해야 할 것이란 생각이 드네요. 서울에 올라가 치료를 받아야 하나 고민이 되는데, 참프라촌 나무 아래 평상에 누워 바람을 쐬면 그런 고민들이 없어지는 거 같아요. 밤에 별들을 보고 있으면 여기 있다는 것이 행복해요. **시즌1 촌민 진영**

일단 아침에 눈을 떴을 때 자연과 가까이 있는 게 좋았어요. 힘든 일이 있어도 이렇게 아침저녁으로 자연을 마주하다 보면 그것만으로 위안받으며 지낼 수 있었죠. 잘못 알고 지레 겁먹었던 것도 많아요. 저는 남해에 병원이 하나밖에 없는 줄 알았는데 진료과목별로 있을 것은 다 있더라고요. 택배도 안 오는 시골 깡촌인 줄 알았는데 도시보다 하루이틀 더 걸리긴 해도 잘 오더라고요.

**시즌2 촌민 예진**

여름에 벌레가 너무 많았어요.
이렇게 많을 줄은 몰랐어요.
앉기만 해도 주변 전부가
벌레였어요. 지네에도 물렸고요.
진드기에도 물린 적이 있는데
여태 안 낫고 있어요. 처음에는
모기에 물렸다고 생각했는데
계속 안 없어서 피부과에
가 보니 진드기에 물린 거라고
하더라고요. 벌레 때문에
이곳에서 더 살 수 있을까 하는
걱정이 컸어요. 날씨가 추워지니
벌레는 좀 없어졌어요.
**시즌2 촌민 순혁**

동물과 이렇게 가까이 지내 본 게
처음이에요. 만져 볼 기회도
많지 않았는데 여기서는 같이
놀고 뛰고 누워서 비비적거릴 수
있잖아요. 고양이를 들어 올려
안아 봤는데 너무 가벼웠던 느낌,
개냥이의 입 냄새, 바람이의
예쁜 눈, 그런 것들이 참 새롭고
신기했어요. **시즌2 촌민 진아**

나중에 시골에 살더라도 옆에
친구들이 꼭 필요하겠다는
생각이 들었어요. 혼자거나
가족들과만 살면 답답할 것
같아요. 새로운 이야기나 자극이
없을 테니까요. **시즌2 촌민 수민**

## 도시와 지역은 서로 연결될 때
## 가치를 지닌다

극명하게 다른 장단점 때문일까, 도시와 시골을 떠올리면
양자택일의 심정으로 비교를 일삼는 사람들이 많다. 사실
삶의 선택지가 부족한 곳은 촌이다. 재료도, 인력도, 능력도
모두 한정되어 있다. 선택지가 부족하다 보니 사람들이 자꾸
떠나간다. 사람이 떠나가니 선택할 수 있는 자원은 점점
줄어들어 간다. 악순환의 연속이다. 그런데도 왜 나는 촌의
매력에 빠진 걸까? 있는 것보다 없는 것이 더 많은 시골에서,
무엇을 하겠다고 이렇게 고군분투하고 있는 것일까?

처음 팜프라촌을 만들었을 당시 나는 아직
대학생이었기 때문에 남해에서 서울까지 통학하면서 지냈다.
스스로 다거점 라이프족이라 지칭하는 삶을 살아오면서
이동의 불편함은 있었지만, 덕분에 나는 도시의 편리함도
시골의 여유로움도 모두 누릴 수 있었으며 무엇보다도
'외부인의 시각'을 유지할 수 있었다. 촌에만 지냈으면 볼 수
없었던 것들이 서울을 다녀오고 나면 다시 새롭게 시야가
트이며 아이디어가 샘솟았다. 도시와 지역의 차이가 더
확연히 보였다.

촌 라이프를 지향하고 있었지만, 도시의 트렌드도
놓칠 수 없다고 생각했다. 청년 공간을 기획하는 우리에게
'대중성'은 중요한 키워드였으니까. 대중의 감각과 시의성을
잃어버리면 소외된 채로 그냥 '우리만의 세상'이 될 뿐이었다.
하지만 지역에서의 시간이 길어질수록 점차 서울과의
연결고리를 잃어 간다는 느낌이 들었다. 이는 곧 동시대성과
대중공감성 결여에 대한 두려움으로 이어졌고, 코로나

이후로 가속화되었다.

2020년 초, 갑자기 찾아온 코로나19는 사람들의 일상을 순식간에 마비시켰다. 하지만 남해 두모마을에 살고 있는 우리의 일상은 크게 달라지지 않았다. 원래도 사람 얼굴 보기 쉽지 않은 환경이었기 때문에 사람의 부재가 낯설지 않았다. 촌은 통제가 가능한 환경이었다. 아는 식당만 가고 아는 사람만 받는 것이 가능했다. 신뢰 있는 고립된 작은 사회였다. 이듬해 4월, 간만에 걸은 서울의 거리는 유독 낯선 것들로 가득했다. 예약제 운영으로 인해 매시간 한정된 인원만 입장 가능한 옷 가게, 건물 밖에 줄을 지어 기다리는 사람들, 이제는 필수품인 동시에 패션 아이템이 되어 버린 마스크. 이 수많은 사람 중에 오직 나만 모든 게 낯설고 불편한 사람처럼 느껴졌다. 대부분의 가게는 유리창에 '점포정리'와 '임대'가 적힌 종이를 붙여 놓고 있었다. 오래도록 자리했던 가게들마저 문을 닫기 시작했다. 발 디딜 틈 없이 북적이던 이대 골목은 내 기억 속에만 존재하는 꿈처럼 느껴졌다. 코로나로 인해 세상은 바뀌어 가는데 나는 여전히 코로나 이전의 세상에 살고 있었다.

시간이 멈춰 있는 것 같은 두모마을에서 내가 변화에 얼마나 둔감했는지를 깨달았다. 점점 도시와 거리가 멀어지는 것이 느껴졌다. 전혀 다른 관계망 속에 있는 시간이 길어질수록 고립되는 것 같았다. 지금 이 시대를 살아가는 다른 사람들이 무엇을 하고 무슨 생각을 하는지 이제는 감도 잡을 수 없었다.

그러다 깨달았다. 아, 내가 굳이 '다거점 라이프'라는 말을 사용했던 것은 사실은 서울을 놓지 못했기 때문이었구나…!

촌에 살고 싶으면서도, 서울의 끈을 놓고 싶지 않다는 이 양가적인 마음은 어디에서 비롯된 것일까?

우선, 내가 지금까지 자라 온 환경과 익숙한 생활 기반의 많은 부분이 도시에 있기 때문일 것이다. 촌에 사는 것은 좋지만, 때론 갑갑했다. 길을 걷기만 해도 또래 청년들의 활기가 느껴지는 곳, 호기심과 흥미로움을 자아내는 트렌디한 문화공간을 눈만 돌리면 만날 수 있는 곳. 촌에서는 경험할 수 없는 다양성이 존재하고, 언제든 외부의 시선에서 숨어들어 군중의 익명성 속으로 대피할 수 있는 곳이 바로 도시였다.

그렇다고 촌에서 멀어지고 싶냐고 하면, 또 그렇지 않았다. 촌에는 도시에 없는 매력과 특수성이 넘쳐났다. 매분 매초 너무 빨리 변화하는 도시의 시류에 휩쓸려 가는 것이 아니라, 조금 느릴지는 몰라도 자기만의 속도로 보다 색깔이 확실한 문화와 콘텐츠를 만들고 펼쳐 보일 수 있는 곳. 아직 발굴하지 않은 가치가 널려 있고, 희소성이 큰 만큼 주목받기도 용이한 곳. 오히려 도시보다 더 개성 있는 힙한 곳이 될 가능성이 무궁무진한 게 바로 촌이다.

도시에는 없는 촌의 매력을 전달하고, 촌에는 없는 도시 생활의 다양성을 끌어들이며 서로를 매개하는 일. 이것이 내가 하고 싶은 일이었다. 너무 다른 도시와 지역, 이 둘을 연결하고 싶었다. 촌이라는 공간이 떠나거나 정착하는 것에 한정하지 않고 자유롭게 오갈 수 있는 무대가 되면 어떨까? 원하는 사람이 좀 더 쉽게 정착할 수 있는 환경도 중요하지만, 그에 앞서 도시와 촌 사이의 심리적 거리감을 좁혀 찾는 이가 더 많아지면 더 많은 가능성이 열리지 않을까? 나만 해도 수없이 서울과 남해를 오가며 다거점 라이프를 누리지 않았던가. 꼭 한 곳에서만 살라는 법은 없으니까. 내가 바라는 것은 어느 하나의 택일이 아닌, 교류와 소통이었다.

남해에는 이미 그동안 촌에 없던 공간을 만들고,

재미있는 일을 해 나가는 청년들도 여럿 있었다. 문화공간을 운영하는 청년들, 영화제를 열거나 책, 목공품을 만들고 인테리어 소품을 파는 청년들도 있었다. 이들과 만나 이야기 나누며, 남해에 이런 청년들이 더 많아지면 좋겠다는 생각을 했고 팜프라촌이 그 다리 역할을 할 수 있기를 바랐다. 그렇게 도시의 청년들도 찾아오고 싶은 색다른 매력의 촌을 만들고 소개하고 싶었다.

  팜프라촌에서는 코부기 집짓기와 텃밭 농사 등 내부 워크숍 외에도 각자가 하고 싶은 개인 프로젝트를 진행하도록 권장한다. 뚜또는 빵을 만들고 싶어 했으며, 수연은 동네 어르신들의 사진을 찍고 인터뷰를 했다. 콘텐츠 제작, 크로스핏, 우드카빙, 비치코밍, 바래길탐방 등 청년들이 촌에 와서 하고 싶은 것들은 무수히 많았다. 청년이기에 하고 싶고 또 할 수 있는 일들이었다. 이런 움직임들이 쌓이고 모여 촌을 더 재미있고 오고 싶은 공간으로 만들 수 있을 거란 확신이 들었다.

## 알아 두면 쓸 데 많은 촌 라이프 공구 사용법

팜프라촌을 막 시작했을 즈음 마을 어른들이 풀 좀 베라고
이야기하셨는데 그때는 몰랐다. 얼마 지나지 않아 여름 장마가
왔고, 텃밭이며 공터에는 풀이 하루가 다르게 무섭게 자라나기
시작해 사람 키를 훌쩍 넘었다. '이걸 어쩌지?' 싶었다.
도시에 살 때는 거리의 조경수나 공원의 풀, 아파트 단지의
나무들은 항상 깨끗하고 예쁘게 정돈되어 있었다. 누군가가
항상 관리하고 청소하고 있었던 것이다. 농촌에서는 우리가
생각지도 못한 일상의 많은 부분을 마을 주민들, 그 땅의
주인들이 직접 하고 있다. 도시는 모든 일이 분업화되어
돌아가지만, 농촌은 거리를 청소하는 것도 하천의 쓰레기를
치우는 것도 바람에 떨어진 나뭇가지와 낙엽을 치우는 것도
잡초를 뽑는 것도 모두 마을 주민이 스스로, 또 함께한다.
기본적인 집 수리도 직접 해야 했다. 지역에서는 전문가를
찾기도 어렵고, 타지에서 찾는다고 해도 거리가 너무 멀어 오기
어렵다거나 비싼 출장비를 불렀다. 그래서 촌민들은 방충망
바꾸기를 시작으로 예초기 사용법, 화단 관리를 위한 전지가위
사용법, 음식물쓰레기 처리를 위한 퇴비장 만들기, DIY 가구
만들기, 용접 등 시골 생활에 필요한 기술들을 배워서 직접 하기
시작했다. 처음엔 낯설지만 알수록 재미있는 촌라이프 기술을
여러분에게도 공유한다.

드릴 사용법

망치 사용법

직소기 사용법

원형톱 사용법

줄자 사용법

타카 사용법

# Chapter 2

# 모두 다 먹고 살기 위한 일

농사, 기술, 일자리

# 맨땅에 트랙터,
# 세상에 쉬운 일이란 없다

젖은 흙은 정말 무겁다… 숨을 헐떡일 만큼 꽤 열심히 삽을 펐지만, 한두 발자국 거리밖에 만들어지지 않은 고랑을 보고, 약간 좌절했다. **시즌1 촌민 수연**

잡초와 씨름하느라 땀이 줄줄 흘렀다. 어떤 잡초는 쉽게 뽑겠고 어떤 애들은 힘을 다해 잡아당겨도 내가 지는 기분이었다. 처음엔 기분 좋게 시작했는데 나중엔 '제발… 꺼져 줘…'라고 말하게 되었다. **시즌2 촌민 진아**

분명 내가 꿈꾸었던 건 영화 <리틀 포레스트>의 한 장면이었다. 그런데 현실은… 온몸에 땀과 먼지를 뒤집어쓰고도 끝이 보이지 않는 풀무더기에 망연자실 공터를 바라보는 나와 촌민들이 있었다.

'이러다가 농사는 시작도 못해 보고, 잡초만 뽑다 끝나는 게 아닐까?'

커뮤니티 텃밭을 만들기로 한 양아분교 옆 공터는 몇 년간 버려진 땅인 데다가 여름의 끝자락에 자랄 대로 자란 풀로 가득했다. 촌민들은 손에 농기구를 하나씩 들고 무작정 풀을 베거나 뽑기 시작했다. 잡초가 너무 자라 나무처럼 두꺼워 잘 베어지지 않았고, 넝쿨도 너무 많아 땅에서 뽑아내느라 온 힘을 다 써야 했다.

촌민들이 팜프라촌에 머무르는 동안 논농사는 어렵더라도, 푸성귀를 기를 작은 텃밭 정도는 꾸릴 수 있을 것 같았다. 농사를 지어 보고 싶은 촌민들을 중심으로

밭 만들기부터 텃밭 디자인, 작물 수확까지 차례차례
하나하나 자발적으로 만들어 나갈 계획이었다.

하지만 제대로 시작도 하기 전에 안일했던 계획에
자책할 수밖에 없었다. 왜 나는 텃밭을 당연하게만 생각했던
걸까? 무엇을 심기 위해서는 땅부터 일궈야 한다는 것을 왜
미처 깨닫지 못했을까? 한참을 잡초 더미 속에서 고군분투
하는 우리를 본 마을 어른 한 분이 답답했는지 예초기를
가져오셔서 사람 키만큼 자란 잡초들을 싹 베어 주셨다. '아,
이래서 기계를 쓰는 구나' 하는 생각이 절로 들었다.

농기구를 들고 허우적대는 모습에 마을 이장님도
"땅을 만들려면 흙을 한 번 다 뒤집어 줘야 하는데 맨손에
농기구로 했다가는 올해 안에 농사 못 짓는다"라며 다음날
학교로 트랙터를 직접 몰고 오셨다. 트랙터가 공터를 몇 번
지나다니니 꽁무니에 넝쿨이 뒤엉킬 정도로 잡초가 뿌리뽑혀
나왔다. 드디어 잡초와 넝쿨이 가득했던 공터가 농사를
지을 수 있는 땅이 되었다. 마을 어른들이 아니었으면 몇 달
내내 밭만 뒤엎다가 팜프라촌 첫 시즌이 끝났을 것이다.

다음으로 밭에 어떤 작물을 심을지 함께 논의했다.
텃밭 경험이 적거나 아예 전무한 촌민들이 모여 있다 보니
어떤 작물을 어떻게 심어야 하는지, 밭은 어느 정도 크기로
구성해야 하는지 아무리 논의해도 감을 잡기 어려웠다.

때마침 논산에서 다품종 소량생산을 하는 꽃비원
농부님들이 팜프라촌을 방문해 우리 텃밭에 어울리는 작물,
키우는 방법, 텃밭 디자인하는 방법, 고랑과 이랑을 만드는
방법, 삽질하는 올바른 방법까지 꼼꼼하게 알려 주셨다. 갖고
계신 씨앗까지 하나하나 챙겨 주신 덕분에 어느 정도 텃밭을
디자인할 수 있었다. 그렇게 주변 농부들의 도움을 가득가득
받고 나서야 진짜 농사가 시작되었다.

## 커뮤니티 텃밭 농사 일지

2019.9.3
비 오는 날 논산에서 남해까지
내려와 귀중한 휴일에 누군가의 일을
돕는 사람의 선의를 이기적 인간인
나는 아직 이해할 수 없다. 이해는
못해도 감사는 해야지. 정말 감사한
분들이다. (꽃비원) 농부님은
건조하고 서늘한 곳에 보관했다가
내년 봄에 심으라고 고수 씨를
주시며, 마지막까지 살뜰히 우리를
챙기셨다. 언젠가 보답했으면
좋겠다.

2019.9.5
토양의 산성도를 자가 테스트 해
보았다. 토양의 산성도 테스트는
농업기술센터 등에 의뢰가 가능하지만,
비용이 대략 70만 원 정도란 것을
알고, 베이킹소다와 물, 토양을 섞어
약식으로 산성도를 알아보았다.

2019.9.7
태풍 링링이 지나간 밭을 점검하고,
뿌리가 들린 작물은 다시 심어 주었다.
작물 팻말도 만들었다.

2019.9.18
알타리무를 심을 밭을 만들어서
무와 같은 방식으로 심었다. 밤에는
달팽이를 잡았다. 추석 전에 농약을
만들려고 자리공을 뿌리까지
캐서 말려 두었다. 못 쓰는 냄비에
자리공과 물을 넣고 한 시간 넘게
달여서 만든 천연 자리공 농약을
분무기에 담아 저녁에 배춧잎 앞뒤로
뿌려 주었다.

2019.9.21
어제 도시로 나간 뚜또가 달팽이 유인
트랩을 만들 커피박을 엄청 많이
구해 왔다. 얻어 온 커피박을 햇볕에
말리기 시작했다.

2019.9.25
마늘 심을 밭을 만들기 시작했다.
밭을 만들던 도중 배추가 노균병에
걸린 것을 발견했다. 하얀색으로
잎이 변해 있었다. 마을 어르신들은
잎을 하나 따서 농약사에 들러 처방을
받아오라고 하셨다. 뚜또가 진주에
다녀오며 친환경 농약을 사 왔다.
배추를 하나하나 돌아보며 병 걸린
잎을 다 뜯어냈다.

2019.9.26
퇴비간 틀을 만들다. 폐팔레트를
사용하면 좋겠다고 생각했지만
구하기가 힘들어 남은 목재를 가지고
직접 만들었다. 밭에 설치해 봤으나,

퇴비가 비에 맞지 않게 덮을 방수포가
없어서 일단 설치를 보류했다.
'모두싹'이라고 하는 친환경 농약을
배추밭에 뿌렸다. 물과 500:1 비율로
섞어서 물조리개를 이용하여 배춧잎
사이사이에 뿌려 주었다. 냄새가 아주
심각하게 나는 농약이었다. 구역질이
나왔다.

2019.9.29
밤에 달팽이를 엄청 많이 잡았다.
어떤 배추에는 달팽이 열 마리가
한 번에 붙어 있었다. 충격이었다.

2019.9.30
오늘은 마늘 종구를 심었다. 마늘을
심는 작업을 해 보니 매우 힘들었다.
흙이 너무 굳어 있었고, 돌이 너무
많아서 한 번 정리해 둔 밭을 다시
솎아 내야 했다. 마늘 심기 작업
후에는 모두 함께 모여 오늘 작업을
회고하고, 개그맨이 부르는 '농번기

랩'을 함께 감상했다.

2019.10.01
밭에서 상추를 뜯어서 상추쌈을 먹고,
민경이 공심채볶음을 만들어서 맛있게
먹었다.

2019.10.2
남해에서 맞는 세 번째 태풍 '미탁'이 오는
중이다. 아침부터 비가 어마어마하게
내리고 있다. 밭 바로 옆에서 흐르는 천이
넘치기 직전의 상태이다. 오후 6시경에
밭에 나가 보니 물웅덩이가 군데군데
고여 있다. 내일 오전까지 비가 계속 올
예정인데 작물들이 너무 걱정된다.

2019.10.3
지난번 심고 남은 마늘을 마저 심었다.
태풍으로 비가 많이 와서, 흙이 퍼슬퍼슬해
작업하기가 훨씬 수월했다. 비 온 뒤
작업하기가 좋다는 걸 알게 되었다. 일을
하다 보니, 우리 밭의 고랑이 너무 좁아서

불편하다는 것을 알게 되었다.
다음에는 고랑을 좀 더 크게 하는 것이
작업에 편할 것 같다.

2019.10.4
아침 7시에 일어나서 잡초 제거
작업에 집중했다. 열무밭, 순무밭을
매면서 살아남은 작물이 거의 없다는
사실을 알게 되었다. 갓은 아예 죽은
것 같아서 지금이라도 밭을 갈아엎고
시금치 씨를 한 번 더 뿌리자고
이야기했다. 시금치밭은 풀이 많기는
하지만 벌레도 먹지 않고 잘 자라고
있다. 마을 할머니가 오셔서 우리
배추가 1등이라고 했다. 태풍에도
어떻게 이렇게 배추가 멀쩡하냐고
그랬다. 그리고 약을 치라고
강조하셨다. 언제 배추를 묶냐고 여쭤
보니 아직 한참 남았다고 하셨다.
정말 큰 용기를 내 배추벌레 두 마리를

손으로 집어 강으로 던졌다. 뭔가
성장한 기분이 든다.

2019.10.7
벌레의 습격을 받은 배추와 무의
잎사귀들을 보니 우리가 너무 신경을
못 쓴 것 같아서 미안했다. 벌레를
다 잡고 아무래도 이대로는 안 될 것
같아서 지난번에 한 번 뿌렸던 노균병
방제제 '모두싹'을 500:1로 물에
희석해서 한 번 더 뿌려 주었다.
예전부터 사려고 했던 흙살림의
친환경 배추 약 '청달래'도 주문했다.
어느 정도 자란 배춧잎을 조금씩
솎아서 겉절이를 해 먹었다. 앞으로도
배추가 다 자라기를 기다리기보다는
조금씩이라도 키워서 그때그때
간단히라도 요리를 해 먹어 봐야겠다.
자연농법은 정말 쉽지 않구나.

# 구멍 송송, 짜리몽땅하더라도

밭을 만드는 건 고되지만, 그 밭에 '까꿍' 하고 있는 초록
색깔을 보면 괜히 뭐라도 한 것 마냥 보람차다. **시즌1 촌민 준민**

부족한 점도, 배울 점도 많았지만 팜프라촌 커뮤니티 텃밭은
천천히 모습을 갖추기 시작했다. 촌민들은 생태적이고 지속
가능한 방식의 농사에 관심을 갖고 있었지만 농사짓기에
적합하지 않은 땅, 한정된 기간이라는 현실과 이상 사이에서
합의점을 찾아야만 했다. 우리는 농약과 농업용 비닐 등을
최대한 쓰지 않고, 친환경 방식을 찾아서 농사를 짓기로 했다.
　　　　촌민들은 아침조, 저녁조로 나누어 텃밭을 돌보았다.
아침조는 해가 뜨기 전 새벽부터 일어나 해가 밭에 드리우기
전까지, 저녁조는 해가 넘어가기 시작하면서 밭이 어두워질
때까지 텃밭을 돌봤다. 텃밭 일구는 일은 생각보다 고되고,
작물이며 퇴비며 친환경 농약까지 배워야 할 것들은 끝이
없었다. 매일 아침저녁으로 밭에 물을 주고, 뒤돌아서면
올라오는 잡초를 뽑고 또 뽑고, 아주 조금 자란 이파리에
다닥다닥 달라붙은 달팽이와 벌레들을 떼어 내느라 정신이
없었다. 물 주는 게 별일 아닌 것 같아도 땅을 흠뻑 적시듯이
물을 주려면 한 시간 정도 걸린다. 잡초를 뽑다 보면 또
한 시간이 지나 있다. 새벽에 밭에 나가 달팽이와 벌레들을 다
잡았다고 생각했는데 밤이 되면 또 잔뜩 붙어 있다. 무잎은
벌레들이 하도 먹어 뼈대만 남은 것처럼 보였다.
　　　　이런 고생에도 불구하고 마을 어른들의 밭과
비교하면 우리 밭의 작물들은 작고, 볼품없었다. 어른들은

사서 고생이라며 집에 있는 농약을 갖다 주시겠다고
말씀하기도 했다. 보기에 미련했겠지만 우리는 조금이라도
생태적인 방식의 농사를 위해 훨씬 더 많은 시간과 에너지를
들일 수밖에 없었다.

우리는 모두 농사 초보였다. 9월에나 씨앗을 뿌렸기
때문에 심을 수 있는 작물도 제한적이었다. 이론도 실기도
부족했다. 농기구를 쓰는 방법도 몰랐다. 삽질하는 올바른
자세를 머리로는 이해해도, 몸이 따라주지 않았다. 적게는
20년 많게는 40년 동안 몸보다 머리를 쓰는 게 익숙한
사람들이었다. 초보 농부가 완벽하게 자신의 가치관에 맞는
농업 방식을 실현하기에는 현실의 벽이 너무 높았다.

농사를 짓는 중반까지도 '우리가 진짜 수확을 할 수
있을까?' 의구심이 들었다. 푸른 싹이 틀 때면 세상을 얻은 듯
기뻤지만, 농약을 치지 않았기 때문에 벌레들이 작물을 쉬지
않고 먹어 댔고, 조금 자란 작물들에 점점 구멍이 더 늘었다.
초보 농부들의 손에서 어렵게 자라나는 작물들이 가엾기도
했다. 촌민들은 불침번 서듯 아침저녁으로 텃밭을 지켰고,
태풍이 지나갈 때마다 마음을 졸였다.

초보들의 어설픈 손길에도 몇몇 작물들은 끈질긴
생명력으로 보람을 안겨 주었다. 텃밭에서 직접 기른
푸성귀로 반찬을 해 먹을 때면 뿌듯함이 몰려왔다. 그해 11월,
촌민들과 텃밭에서 나온 배추와 무로 김장을 했다. 김치를
만들고, 수육까지 삶아 파티를 하고, 팜프라촌 시즌을 끝내고
집으로 돌아가는 촌민들의 손에 김치 한 포기씩을 들려
보낼 수 있었다. 모양은 구멍 송송, 크기는 짜리몽땅이지만
해냈다는 기쁨으로 가슴이 벅찼다. 이래서 다들 텃밭을
가꾸는 것이구나!

**촌민 인터뷰**

**텃밭의 어려움과 즐거움**

뚜또는 농부님께 어떻게 하면 삽질을 잘할 수 있냐고 물었고, 농부님은 친절하게 '삽을 수평으로 하면 편하다'고 조언을 해 주셨다. 내용은 매우 간단하나, 내 몸이 이를 수행하는 건 전혀 다른 문제였다. 뚜또는 삽이 계속 허공을 갈랐고, 나는 짱돌, 덩굴, 스티로폼, 이름 모를 비닐 등과 사투를 벌였다. **시즌1 촌민 준민**

밭을 갈면 이랑이 생기고 고랑이 생기고, 물을 주면 자라나고, 멋짚을 덮으면 잡초가 자라나지 않고. 그렇게 행동에 따른 결과들을 눈으로 바로 볼 수 있는 것이 저는 너무 좋아요. 힘들어도 그것에서 오는 성취감이 커요. **시즌1 촌민 뚜또**

마을 분들은 왜 약을 안 치냐,
하고 저희 농사에 잔소리를
많이 하셨어요. 약을 사다
주겠다는 분도 계셨고요. 저희는
관행농이 아니라 약을 안 치고
친환경적으로 해 보려고 한다고
하지만, 어르신들에게는 우리가
미덥지 않은 거죠. 사실 우리도
스스로 미덥지 않았어요. 이렇게
하는 것이 맞는가 하는 생각이 늘
들더라고요. 우린 너무 서투르고
일손도 달렸고요. 그래서 작물이
많이 죽었지 싶어요. 갓이랑
순무랑은 다 뒤집어있고요.. 마음
아팠어요.  **시즌1 촌민 민경**

농사를 통해 벌이는 못한다
해도, 텃밭에서 오는 즐거움이
제 예상보다 커서 시골에 살면
텃밭은 꼭 해야겠다 생각해요.
**시즌1 촌민 수연**

밭을 만들 때 삽질하면서도,
문득문득 내가 하는 노동과
행위들이 행복하다고 느껴질
때가 있어요.. **시즌1 촌민 진영**

농사는 안 되겠다 싶어요. 작은
텃밭은 가능하겠지만, 농사는
엄두가 나지 않아요. 팜프라촌
농사팀이 활동하는 것을
옆에서 보았는데, 너무 힘들어
보였어요. 변수도 많더라고요.
아무리 열심히 해도 날씨가
따라주지 않으면 안 되었어요.
땅이 생긴다면 저는 소소하게
텃밭이나 해야겠다 싶어요.
**시즌1 촌민 찬형**

# 지방소멸의 시대,
## 청년과 농업

내가 처음 농사에 덤벼들었던 2012년엔 농지 하나 빌리기가
쉽지 않았다. 하지만 요즘은 휴경지가 많아 농지를 빌리는
일이 크게 어렵지 않다. 두모마을에 온 뒤로 단 한 번도 농지를
임대하는 것에 어려움은 없었다. 이장님이나 마을 분들이 우리를
아끼고 배려해 주신 것도 있었지만 10년새 휴경지가 폭발적으로
늘어난 것이 한몫했다. 지금은 누군가 농사를 짓겠다고 하면
여러 곳에서 '우리 땅 좀 붙여 볼래?' 제안하실 정도다. 그만큼
농사를 짓던 마을 어르신들이 많이 돌아가셨거나, 나이가 드셔서
더 이상 농사를 짓기 어렵다는 이야기이기도 하다. 농촌 사회의
초고령화와 인구 감소는 우리 생각보다 더 빠르고, 심각하다.

남해의 자랑이었던 다랭이논은 농사지을 사람이
없어 풀과 잡목으로 뒤덮여 방치되고 있다. 마을 뒷논만 해도
휴경지가 12만 평이나 된다. 방치된 논에 지자체가 비용을
대고 마을에서 씨를 뿌려 꽃밭을 일구기도 한다. 노는 땅을
무엇에라도 활용해야 하기 때문이다.

처음에는 이런 휴경지를 활용해 청년들이 지속 가능한
친환경 농업을 하고, 신뢰를 기반으로 한 소비자 직거래를
통해 농장을 안정적으로 운영하면서 지역 공동체의 네트워크
플랫폼이 되는 농장을 만들고 싶었다. 농업 세계일주를
떠났을 때 본 CSA 농장이 롤모델이었다. 하지만 그동안 귀촌을
꿈꾸는 여러 청년을 만나고 대화하며 깨달은 것은 청년들에게
귀촌이 곧 농사는 아니라는 것이었다. 팜프라촌에 입주한
청년들만 하더라도 본격적으로 농사를 짓고 싶다고 생각하는
사람은 많지 않았다. 농사로 돈을 벌기보다는, 작은 텃밭을

일구며 내가 먹을 것을 직접 기르는 일에 더 관심을 보였다. 게다가 남해에는 CSA 농장을 만들고 직거래 마켓을 운영해도 직접 수확하거나 구매할 소비자도 없었다. 다들 직접 농사를 짓거나 주변 친척이 농사를 짓고 있어 농산물을 사 먹지 않아도 되기 때문이다.

가족이 농업에 종사하거나 농축산을 전공해 처음부터 농업에 포부를 품은 청년도 있지만 그 수는 적다. 또한 우리 나라 농업의 현실에서는 대규모 기업농이 아닌 다품종 소량생산의 자영농은 기반을 잡기도, 살아남기도 힘들다. 농사는 도박 같다는 말이 있을 정도로 작물에 따라, 날씨에 따라 가격이 폭등하고 폭락한다. 땀 흘려 일한 노동의 대가를 폐기처분해야 할 수도 있는 위험은 농민이 고스란히 안고 간다. 최근 언론에 오르내리는 청년 농부들의 면면을 들여다보면, 토지와 설비에만 몇 억대 규모의 대출이 필요하다. 농산물 유통 구조의 근본적인 변화가 없다면, 정부의 지원금과 농민들의 희생에 기대 근근이 명맥만 이어오는 현 상황을 벗어나기 어렵다는 것이 지난 10년간 내가 농촌에서 본 현실이었다.

상황을 제대로 모르는 이들은 청년들이 힘들기 때문에 농사일을 하지 않으려 한다고 비난한다. 하지만, 고된 농사일을 해도 돈을 벌기는커녕 수억대 빚을 져야 하는 구조적 문제를 해결하지 않고서는 누가 이 나라에서 농사를 지으려고 할까?

기후 위기의 시대, 식량자급률이 심각하게 떨어지고 대부분 수입에 의존하고 있는 대한민국에서 농업이 청년에게 더 매력적인 선택지가 되려면 근본적인 유통과 농업 생태계 변화가 필요하고 청년들이 농업이라는 산업 자체에서 비전을 볼 수 있어야 한다. 비전이 있다면, 청년들은 떠밀지 않아도 알아서 농업에 뛰어들지 않을까?

# 이 쌀은 준민의 청춘미입니다

내가 벼 수확이라니! 내가 먹는 쌀이 어디서 왔는지도 큰
관심을 가지지 않는 나인데, 내가 먹을 쌀을 수확한다는 게
대단히 신기하고 뿌듯했다. 논의 가생이 부분 벼를 낫으로
베고 콤바인이 후두둑 지나가며 살을 다 털어 냈다.
점심이지만 새참이라고 부르고 싶은 김밥과 떡들을 참
맛있게 먹었다. '노동 후의 식사는 이런 맛인가' 했다.
**시즌2 촌민 진아**

앉아서 낫질을 하다 보면 내 앉은키보다 큰 벼들이 나를
둘러싸서 풀숲에 들어와 있는 모양새가 된다. 눈높이로
아침 빛을 받은 누런 색 벼들만 보이는데, 그 장면이 참
좋았다. 작은 논 하나를 전부 수확하고 나서 흙이 드러난 논을
돌아보니 뿌듯했다. **시즌2 촌민 수민**

텃밭 농사만 하던 우리에게 450평 정도의 작은 논이 생겼다.
두모마을 뒤편에는 12만 평 규모의 다랭이논이 있다.
다랭이논은 산간지역에서 벼농사를 짓기 위해 산비탈을 깎아
만든 계단식 논이다. 돌투성이였던 땅을 하나하나 골라내고
걷어낸 돌로 논둑을 쌓고 물이 빠져나가지 않도록 흙으로
메워 만들어 왔다고 한다. 척박한 환경에서 자연과 조화를
이루며 살아온 사람들이 만들어 낸 경관이다. 수백 년 동안
지켜진 다랭이논에는 남해의 오랜 전통과 지혜가 담겨 있다.
하지만 마을 주민들이 고령화된 지금 다랭이논에서 논농사를
짓는 곳은 더 이상 찾아볼 수 없다. 어르신 대부분이 70세를

넘겨서 이제는 비탈에 위치한 다랭이논을 오르내리기 어렵기 때문이다. 휴경지가 점점 늘어나자 남해군에서는 이를 매입하여 유채꽃단지를 만들었다.

2020년 초, 우리는 이 다랭이논의 일부를 빌려 오래전 풍경을 되찾아 보기로 했다. 다랭이논에서 농사를 지으며 남해의 사라져 가는 문화 역사 자원을 복원하고 지키고 싶었다. 마침 시즌1의 촌민이었던 준민이 귀농인의 집에서 살게 되면서 남해에 남아 팜프라 멤버로 합류한 상황이었다. 준민은 팜프라촌에 오기 전에도 귀농운동본부에서 벼 수확을 해 본 경험이 있어 이 프로젝트를 주도하기에 적합했다. '다랭이논 보존 프로젝트'라 이름 붙인 논농사 워크숍은 1년에 네 번 두모마을에 모여 모내기, 잡초 뽑기, 벼 수확, 가양주 만들기를 하면서 농업과 먹거리, 사라져 가는 문화와 삶의 방식에 대해 이야기하는 시간을 갖는 것이다. 10여 명의 전국 각지에서 모인 참가자들과 남해 청년들이 함께했다.

논농사는 모내기로 시작한다. 요즘은 직접 모판내기를 하지 않고 육모장에서 미리 키운 모를 구매해 모내기를 한다. (두모마을에 오기 전, 진주에서 처음으로 논농사를 해 본 적이 있다. 그땐 뭣도 모르고 패기 넘치게 모판내기를 시도했는데 온도 조절에 실패해 이상한 주황색 곰팡이만 잔뜩 키워 냈다.) 모내기 후 벼가 자라는 140~150일 동안에는 물 관리를 하며 잡초를 뽑아야 하고, 수확과 탈곡, 도정을 거치면 우리가 밥을 지어 먹는 쌀이 된다.

사실 현대의 논농사는 트랙터로 모내기를 하고, 콤바인으로 수확하는 기계 방식이다. 하지만 다랭이논을 보존하고 지속 가능한 방법으로 농사를 짓는 것에 목적을 두었기 때문에 우리는 손모내기를 해 보기로 했다.

그러나 우리가 빌린 논은 농사를 안 한 지 오래되어

논을 정비하는 작업부터 어려움이 많았다. 트랙터가
지나가지 못한 쪽은 삽으로 다 갈아엎어야 했다. 다랭이논과
논둑도 걸핏하면 무너졌다. 가끔은 돌담이 와르르
무너지기도 했다. 논에 물이 가득 차야 하는데 물을 담아 놓지
못하고 아랫논이나 땅속으로 흘려 보냈다. 농사 담당이었던
준민은 시시포스처럼 번번히 무너지는 논둑을 다시 쌓고
논둑이 튼튼한지 확인하기 위해 매일 논으로 향했다.
이때까지만 해도 논둑만 해결되면 모내기도 수월할 것이라
생각했다.

문제는 생각지도 못한 곳에서 발생했다. 막상 모내기
준비를 위해 농자재상에 못줄을 사려고 문의해 보니 이제는
손으로 모내기하는 사람이 없어서 팔지 않는다는 것이었다.
결국 준민은 직접 대나무와 자투리 밧줄, 노끈으로 못줄을
만들기에 이르렀다.

그렇게 만든 핸드메이드 못줄을 들고 두 사람이
양쪽 논둑에 서서 잡으면 나머지 사람들은 한 줄로 나란히
로프 앞에 서서 모를 심었다. 한 걸음 한 걸음 나아가면서
심다 보면 어느새 거대한 논에 한가득 모가 심어져 있었다.
발이 쑥쑥 빠질 정도로 질퍽한 나머지 넘어서서 엉덩방아를
찧기도 하고 본의 아니게 진흙팩을 하기도 했다. 오랜만에
보는 친숙한 풍경에 동네 어른들이 나오셔서 구경하시다가
모내기 요령을 전수해 주시기도 했다.

모내기 후에도 준민은 매일, 심지어 퇴근 후에도
밤 산책을 다랭이논으로 갔다. 수시로 논에 물이 잘 채워져
있는지 확인하고, 특히 비 온 뒤에는 무너진 돌담과 구멍난
논바닥을 메우며 하루하루 다랭이논 상태를 점검했다.
이 당시 준민은 매번 땀으로 범벅이 된 옷과 바지에는 흙이
잔뜩 묻은 모습이었다. 영락없는 시골 농부였다.

그해 여름 비가 한 달간 멈추지 않고 내렸다.

벼 상태가 이상해서 이장님께 여쭤 보니 도열병 같다고
하셨다. 비가 계속 오면 생기는 병인데, 정도가 심하지 않으니
지켜보자고 하셨다. 좀 지나니 벼를 갉아먹는 혹명나방이
나타났다. 산 넘어 산, 그 산을 또 다시 넘어야 하는 것이
벼농사로구나. 당시 준민의 농사 일지에는 마을에서 알려 준
혹명나방 퇴치법이 적혀 있다.

"혹명나방이 나타날 경우, 친환경 약제를 사용할 수
있음. 마을에서 드론으로 항공방제를 하므로 좀 더 편하게
작업하고 싶으면 이장님께 말씀드려서 진행할 수 있음.
친환경 약제를 직접 사용할 경우 수동 분무기를 사용해도
되나 굉장히 오래 걸림. 통상 마을 분들은 경운기를 통해
약제를 살포하므로 광열이 형님께 부탁드려서 약을 쳐야 함.
생육이 더딘 경우 유박을 뿌리면 됨. 유박은 비 오기 전날에
뿌리면 좋고, 손으로 한 움큼씩 쥐고 논에 뿌리면 됨."

계절이 흘러 수확의 날이 찾아왔다. 준민이 한 해
동안 매일매일 들여다보며 키워 낸 벼를 수확하는 날,
촌민들과 벼농사 워크숍 참가자들이 모여 추수를 시작했다.
마을 위원장님께서 콤바인 작업을 도와주셔서 모내기보다
훨씬 수월하게 작업할 수 있었지만, 콤바인이 지나갈 수
없는 공간은 낫을 들고 손으로 수확해야 했다. 수확한 나락은
팜프라촌 운동장 한편에 모아 말리는 작업을 했다. 다음날
옆 마을 정미소에 가서 도정했다. 도정한 쌀은 1년 동안 함께
논농사를 지은 참가자들과 도움 주신 분들께 나누어 드렸다.
우리는 쌀을 나눠 드릴 때마다 덧붙였다.

"이 쌀은 준민의 청춘미입니다."

# 시금치 한번 팔아 볼려?

기후가 온화한 두모마을은 이모작을 한다. 봄부터 가을까지 쌀 재배를 마치면 시금치 철이 다가온다. 덕분에 한겨울에도 마을은 늦봄처럼 푸르다. 남해 시금치는 웬만한 감귤보다도 달기로 유명하다. 농산물 자체가 경쟁력이 있으나, 문제는 유통 방식이다. 시금치는 등급 구별 없이 크기별로 농가별 경매한다. 매일 아침 중매인들이 시금치를 사 간다. 마을에서 나는 농산물은 대부분 중매인을 거쳐 농협에 도매로 판매된다. 도매는 생산자가 가격을 정할 수 없고, 4.5% 가량의 수수료가 든다. 매번 변동되는 경매가로 인해 마을 분들은 마음이 불안하고, 제값을 받지 못하면 많이 속상해 하시곤 한다. 물론 이런 기존 판매 방식에도 장점은 있다. 유통인이 마을 경매장으로 직접 트럭을 가지고 찾아오기 때문에 시금치 작업 외의 부가적인 일은 하지 않아도 된다. 그리고 대량 판매가 가능하다. 하지만 가격 결정권이 없고 시세도 알기 어렵다는 것은 큰 단점이다. 한 해 얼마나 작물을 재배할지 생산량을 결정하는 것도 어렵게 만들기 때문이다. 시금치 가격은 10kg에 1만 원대부터 5만 원까지 변동의 폭이 매우 크다. 그래서 마을 어르신들은 매일 문자로 오는 오늘의 경매가를 확인하느라 휴대폰을 놓지 못한다. 그럼에도 농협 경매 외에 다른 유통망이 없기 때문에 딱히 선택지나 대안이 없다.

생산자들은 노동에 대한 정당한 대가를 받고, 소비자는 좀 더 신뢰할 만한 농·수산물을 구입할 수 있는 방법은 없을까? 최근에는 온라인 농산물 직거래도 늘어나는

추세지만, 주민 다수가 70세가 넘는 이곳에서는 쉽지 않은
일이다. 마을의 강미라 사무장님은 "시골 사람들은 했던
것만 하지, 새로운 것을 알려 주면 또 습득하는 기간이
너무 많이 걸려"라고 말씀하시곤 하셨다. 그러던 어느 날
이장님이 우리에게 뜻밖의 제안을 하셨다. "학교 옆 시금치
400평, 한번 팔아 볼려?" 그 한마디에서 <팜프라 매거진>이
시작됐다.

        이장님께 제안을 받고 가장 먼저 한 일은 팜프라다운
농산물 판매 방식을 고민하는 것이었다. 농산물에 간단한
생산자 소개를 덧붙여 판매하는 플랫폼이 많아졌으므로
우리는 거기에서 한 단계 더 나아가기로 했다. 유통에만
그치지 않고 지속적인 교류를 이끌어 내면 어떨까? 매거진을
통해 제철 먹거리를 알고 생산자를 만나고 나아가 비슷한
결을 가진 타 지역의 커뮤니티도 알 수 있다면? 단순히
두모마을의 제철 농산물만 이야기하는 것이 아니라 교류와
연대를 담고 싶었다. 그래서 매거진에 시금치를 활용한
레시피를 발굴하여 넣기로 했다.

        '교류'는 시골의 것을 일방적으로 전달만 해서는
이루어질 수 없다. 서울, 평창, 목포를 비롯한 전국의
셰프들에게 협업을 제안했다. 남해에서 키운 시금치를 다른
지역의 사람들과도 함께 요리해 보고 레시피를 만들기로
했다. 시금치 장아찌 레시피부터, 평창에서 베이커리
브레드메밀을 운영하는 최효주 셰프의 시금치 올리브
빵과 시금치 뿌리 스프 레시피, 서울의 프렌치레스토랑
레피큐르의 시금치 키슈까지 다양한 레시피가 나왔다.
레시피를 본 마을 어르신들은 눈빛을 반짝이며 신기한 듯
말씀하셨다.

        "도시 사람들은 시금치를 이렇게도 요리해 먹고만!"
        우리는 매서운 칼바람을 맞으며 시금치 농사를

하는 마을 어르신들을 대상으로 인터뷰를 하고, 1톤 이상의
시금치를 캐고 개리며('고르다'를 뜻하는 경남 방언인데,
여기에서는 '다듬다'는 의미로 쓰인다) 몇 주를 보냈다.
겨울이지만 남해의 모든 논과 밭에 시금치와 마늘이
자라면서 초록색이 가득했다. 다른 지역은 농한기라 다들
쉰다던데, 남해 사람들은 전부 시금치 수확한다고 겨울
농번기를 보내고 계셨다. 노지에서 겨울 해풍 맞으며
자라나는 시금치나, 초봄 땅속에서 올라오는 시금치는
바닥에 철퍼덕 앉아서 캐거나, 고양이처럼 엎드려서 캐야
한다. 겨울 바닷바람 맞으며 자란 시금치를 바닷바람 맞으며
캐고 있노라니 우리도 남해 사람이 다 된 것 같았다. 캔
시금치는 학교 교실로 가져와 마을 할머니들께 배운 기술로
다듬는 작업을 했다.

　　　아무리 기술을 배워도 몇십 년 동안 작업한
할머니들처럼 손이 빠를 수는 없었다. 그러다 보니 우리는
곱절로 앉아서 작업해야 했다. 허리가 뻐근해질 때까지
시금치 개리고, 주문 받은 시금치는 4시에 우체국으로
배송하고, 남은 시금치는 농협 경매로 넘겼다. 경매가가
판매가보다 말도 안 되게 적은 금액이었지만, 우리가
주문 받은 수량은 한정적이라서 어쩔 수 없었다. <팜프라
매거진>을 기획하며 정당한 값을 생산자에게 제공하고자
노력했지만, 안정적인 유통망을 갖고 있지 않은 우리의
한계였다.

　　　시금치 수확을 시작한 이후로 우리의 삼시세끼는
시금치가 되었다. 그래도 괜찮았다. 별다른 조미료나 기교가
필요 없이, 시금치 자체의 달달한 맛으로도 충분했다. 다행히
<팜프라 매거진>의 수요는 기대 이상이었다. 순식간에 1쇄가
매진되었고 2쇄를 찍었다. 우체국 앞을 가득 메운 택배상자를
본 상주우체국 국장님은 "아니 이런 적은 없었는데…"라고

말씀하시며 당황해 하셨다. 사무장님도 뿌듯한 목소리로 "다른 마을에서도 매거진 보고 싶다고 난리여서 내가 오늘 얼마인지 물어본댔다"라고 전해 주셨다. 이장님은 "시금치가 영어로 스피니치여? 외국인들도 시금치를 먹어? 어느 누가 이런 걸 생각했겠냐"라며 어마어마하게 칭찬을 해 주셨다.

　　　　<팜프라 매거진>은 단순히 농업의 수익 창출, 유통 판로 개척에만 의의를 둔 것은 아니다. 나는 줄곧 촌과 도시의 시스템과 문법을 모두 이해함으로써 둘 사이를 통역하고 연결하고 싶었다. 촌에서의 활동을 촌 내에서만 한정 짓는 것이 아니라 끊임없이 도시의 소비자들에게 전달함으로써 교류 지점을 만들어 내고 싶었다. 지역 불균형이든, 지방소멸이든 고립이든 모든 문제 해결의 시작은 '만남'이라고 생각했기 때문이다. 서로가 가진 결핍을 채울 접점을 만들어서 서로 필요를 충족시키고 상생하는 것, 그런 프로젝트들을 많이 만들고 싶었다. 우리는 <팜프라 매거진>이 도시와 농촌을 잇고 교류를 촉발하는 매개체가 되기를 바랐다.

## 눈에 보이는 것을
## 일로 만드는 재주

인터넷에서 두모마을을 검색하면 유채꽃 사진이 첫 번째로 나오고, 남해의 가 볼 만한 곳으로도 두모마을 유채꽃밭이 나온다. 그래서 봄이면 수많은 관광객이 마을을 방문한다. 유채꽃을 보러 오는 관광객을 맞이하기 위해 가을이면 12만 평 땅을 마을 어르신들이 트랙터로 갈아엎고, 유채 씨를 뿌리느라 며칠을 고생하신다. 그러면 이듬해 봄에 두모마을 다랭이논은 노란 유채꽃밭이 된다.

하지만 2020년 코로나19가 퍼지면서 모든 여행과 축제가 취소되었다. 두모마을 유채꽃밭에는 사람은 하나 없고, 꽃만 가득 피기 시작했다. 코로나는 날이 갈수록 심해졌고 유채꽃은 날이 갈수록 노랗게 피어났다. 유채꽃을 꺾어서 사무실에 꽂아 두니 퍽 예뻤다. 사람들이 별로 보지도 못하고 그대로 갈아엎어질 유채꽃을 우리만 즐기기에는 너무 아깝다는 생각이 들었다. 코로나로 인해 꽃놀이를 즐기지 못하는 사람들에게 유채꽃을 보내 주면 어떨까? 가볍게 아이디어를 던져 보니 다들 너무 좋다고 했다. 밖에 나가기 힘든 요즘, 집으로 유채꽃이 배달 온다면 너무 낭만적일 것 같다고 말이다.

우리는 재빠르게 포스터를 만들고, SNS에 글을 올렸다. '유채꽃 축제를 보내 드립니다'의 반응은 뜨거웠다. 밤새 주문이 폭주하기를 여러 번. 꽃을 딸 때도 샤워를 할 때도 쉴 새 없이 주문 진동음이 울렸다. 이벤트로 한정된 기간만 주문을 받았는데, 앵콜 요청이 들어올 정도였다. 며칠 뒤에는 전화가 왔다.

"취재를 할 수 있을까요?"

단 일주일만 판매하려 했던 유채꽃은 방송에
나가자 도저히 감당 안 될 정도로 주문이 밀려들었다.
급하게 일시 품절 공지를 올렸지만 다시 판매창을 열면
몇십 건이 순식간에 쏟아져 들어왔다. 생각지도 못하게
수백 건의 유채꽃을 발송하면서 상반된 반응을 마주했다.
매일같이 유채꽃을 따고 있는 우리들을 보며 마을
어르신들은 "유채꽃을 왜 따?"라고 물으시며 의아해하셨다.
하염없이 택배를 나르는 우리들을 보며 상주 우체국장님은
"유채꽃을 보낸다고요?"라며 또 한 번 놀라셨다. 당연한
반응이었다. 두모마을 어디서나 볼 수 있는 흔하디흔한
유채꽃이었으니까. 대동강물을 파는 봉이 김선달이 된
기분이었다.

촌과 도시의 이토록 다른 반응은 유채꽃을 바라보는
관점이 다르기 때문이었다. 마을 사람들은 꽃이 피기 전의
유채나물(=겨울초)을 판매한다. 판매 가치가 없는 유채꽃은
오로지 이듬해 나물 재배를 위해 씨를 받는 용도다. 지천에
유채꽃이 피어 있으니 두모에서는 집 안의 관상용으로조차
쓰지 않는다. 반면 도시 사람들에게 유채나물은 익숙하지
않아도 유채꽃 축제는 익숙하다. 꽃놀이는 봄이 왔다는
계절감을 만끽하는 최고의 방법이다.

사실 유채꽃은 집에 두기에 적합하지 않은 꽃이다.
유채꽃 축제가 괜히 있는 게 아니다. 꽃이 피는 기간은 길지만
매일 꽃잎이 우수수 떨어지기 때문에 야외 관상용으로 더
알맞다. 그럼에도 봄을 받은 사람들은 기뻐했다. "떨어진
꽃잎들도 금싸라기 같이 너무 예뻐요", "남해의 봄을 보내
줘서 감사해요!"라는 피드백이 SNS에 올라왔고, 제발 좀
더 판매해 달라는 메시지도 왔다. "엄마가 가장 좋아하는
꽃이라서 매년 봄마다 유채꽃 축제를 보러 갔었는데 이제는

엄마가 아프셔서 못 가거든요. 다시 판매하시게 되면 꼭 알려주세요"라는 글에서는 안타까움이 묻어났다.

이전에는 제품의 상태나 아이디어가 좋다는 후기가 많았는데, 이번에는 고맙다는 후기를 많이 받았다. 마을 사람들에게는 흔하디흔한 유채꽃이 도시 사람들에게는 놓칠 뻔한 소중한 봄이었다. 유채꽃 축제를 주문한 사람들은 단순히 꽃을 주문한 것이 아니라 매년 만끽하던 봄날을 산 것이었다. 우리는 유채꽃을 보냈지만, 사람들은 소중한 기억이나 코로나로 답답한 현실에서 위로를 배달 받은 것이 아닐까?

촌에는 흔한 것이 도시에서는 값진 가치가 될 수 있다는 것을, 촌의 유휴 자원을 활용해 새로운 수익원을 만들 수 있다는 것을 알게 된 프로젝트였다. 우리가 그토록 찾았던 촌에'만' 있는 자원이었으며 동시에 청년들이기에 할 수 있었던 일이었고 또한 기존에 없던 새로운 수익 창출이었다.

이상하고 아름다운 판타지 촌 라이프

# 배송은 어려워

Q. 손대한 이장님에게 고사리란?

A. 원래 고사리가 '고생살이'라고, 고생의 연속이여,
   고생의 연속. 허리 아퍼.

Q. 이정부 농부님은 허리 안 아프세요?

A. 이 사람아, 이제 나이가 팔십이 다 되간께는 인자
   허리가 아픈지, 다리가 아픈지 모르겠어.

Q. 정창근 개발위원장님은 왜 고사리 농사를
   시작하셨어요?

A. 농사짓기 싫어서 고사리 했다 아이가. 그런데 허고
   보니까, 농사보다 더 힘든 게 고사리다.

남해는 겨울에도 날이 따뜻한 편이라 봄에는 고사리,
여름부터 가을까지는 벼농사를 짓고, 겨울에는 시금치를
수확한다. 그래서인지 남해는 사계절 푸르르고 항상 활기가
넘친다. 달리 말하면, 남들 쉰다는 겨울 농한기 없이 사시사철
농번기가 이어진다는 뜻이다. 봄에는 고사리 수확하느라
허리 펼 시간이 없고, 여름에는 모내기하고, 잡초 뽑느라
허리 펼 시간이 없다. 가을에는 벼를 수확하고, 시금치 밭을
준비하고 씨앗 심느라 허리 펼 시간이 없다. 겨울에는 시금치
수확하느라 허리 펼 시간이 없다. 마을 어르신들은 사계절
내내 허리 펼 시간이 없다.

시금치로 시작한 <팜프라 매거진>을 성황리에
마무리하고 우리는 다음 매거진을 기획하기 시작했다.
두모마을은 어촌, 농촌, 산촌이 모두 있기 때문에 우리가

선정할 수 있는 먹거리도 많았다. <팜프라 매거진>의 두 번째 주인공은 늦봄부터 6월까지 수확하는 고사리였다. 낫으로 와다다다 캐내야 하는 시금치와 달리 고사리는 손가락만으로 똑! 꺾을 수 있고, 3~4일마다 한 번씩 꺾으러 나가면 된다. 하지만 우리가 몰랐던 사실이 있다. 덤불 속에 숨어 있는 고사리를 찾기 위해서는 온종일 시선은 아래로, 허리는 숙이고 다녀야 한다는 것을 말이다. 심지어 고사리는 수확이 다가 아니다. 끊고, 삶고, 말리고, 다시 다듬는 작업까지, 시금치의 배로 손이 많이 가는 작물이다. 시금치보다 쉬울 줄 알았는데, 얕봤다. 알고 보니 이장님이 제일 싫어하는 농사가 고사리였다.

농사로 바쁜 어르신들은 인터뷰 시간을 내기도 쉽지 않으셨다. 갑자기 비가 오면 이때다 싶어 과자를 한 아름 들고 댁으로 찾아갔다. 인터뷰 역시 계획대로 흘러가지 않았다. 고사리로 시작한 이야기는 이용원, 곗돈, 간첩, 사우디, 월남파병 등 상관없는 단어들로 이어졌다. 어르신들의 한 단어, 한 문장에는 상상하기 어려울 만큼 오랜 세월이 담겨 있었다. 그만큼 마을도 많이 변했다. 우리가 살고 있는 두모마을에는 상점과 식당 하나 없는데, 어르신들 기억 속 두모마을에는 이용원도 있고, 술집도 있고, 점빵도 있었다.

시금치와 고사리 편을 진행하면서 우리는 <팜프라 매거진>의 소재를 선정하는 두 가지 기준을 정했다. 첫째, 지역과 마을의 이야기를 담아낼 수 있어야 한다. 먹거리 자체보다는 먹거리를 둘러싼 입으로만 전해지는 기술과 지혜를 기록하고자 했다. 둘째, 적절한 노동 강도와 시간으로 준비 가능해야 한다. 7월 한 여름이 다가왔을 때 고민 끝에 매거진의 세 번째 주인공은 돌문어로 정했다. 바다 산물을 꼭 한번 다뤄 보고 싶었고, 남해 바다를 전할 수 있을 거란 기대감에 설렜다.

하지만 곧이어 최대의 고민에 빠졌다. 한여름에 신선한 돌문어와 매거진을 함께 안전하게 배송하려면 많은 포장재가 필요했다. 포장재를 적게 사용하면 돌문어의 신선도와 안전이 걱정되었고, 많이 사용하면 지구에 악영향을 주는 쓰레기를 만드는 데 일조하는 것 같았다. 직접 몇 차례의 실험을 해 본 결과, 물로만 채워진 종이 아이스팩으로 포장을 한 경우 문어가 너무 녹아 버렸고, 얼음도 마찬가지였다. 신선도와 환경, 둘 모두를 지킬 수 있는 방법을 고민하던 끝에 버려지는 아이스팩을 모아 재사용하자는 아이디어가 나왔다. 마침 우리에게도 어떻게 버려야 할지 몰라 그냥 보관 중인 아이스팩이 10개 넘게 있었다. 코로나가 지속되면서 택배가 활기를 띠는 요즘 처치 곤란으로 남아 있는 아이스팩이 다른 곳에도 많을 거란 생각이 들었다. 많이 만들고 많이 버리는 악순환의 과정에서 벗어나 이미 만들어진 자원을 계속해서 재사용하면 어떨까?

우리는 곧바로 아이스팩 재사용 캠페인을 벌이기로 했다. 착불 비용도 있으니 최소 30개 이상부터 신청을 받기로 했다. 너무 기준이 높은 건 아닐까 반신반의하며 공지를 올렸다. 그런데 이게 웬걸, 주변 이웃들과 모아 보내겠다는 메시지들이 오더니 단 몇 시간 만에 500여 개 이상의 아이스팩이 들어왔다. 지구를 생각하는 사회적 공감대를 확인하는 순간이었다. 하지만 하루하루 지날수록 자꾸 늘어나는 아이스팩과 착불 비용을 점차 감당하기 어려웠다. 돌문어보다 아이스팩이 더 많아지는 상황이 벌어졌고 결국 캠페인을 종료하는 수밖에 없었다. 그렇게 아이스팩 리사이클링 캠페인은 따뜻하고 성공적으로 마감된 줄 알았으나⋯ 대체 어느 정도로 캠페인이 알려진 건지 아무리 마감 공지를 거듭해도 아이스팩 배송은 멈출 줄 몰랐다. 결국 칼바람이 부는 겨울날까지 아이스팩 배송 행진이 계속되며

웃지 못할 사연으로 남았다. 남은 아이스팩은 결국 이웃 포장
횟집에 보내 유용하게 활용했다.

　　세 편의 <팜프라 매거진> 프로젝트를 통해 큰
매출을 달성하지는 못했으나, 마을 이웃들의 놀라움과 기쁨
가득한 얼굴을 볼 때면 우리가 그래도 촌에 새로운 바람을
일으켰구나 생각하게끔 했다. 매거진을 기획하고 제작하면서
우리부터가 마을과 촌에 대한 이해가 깊어지는 시간이었다.
또한 촌의 판매자와 도시의 소비자가 물리적 거리에도
불구하고 충분히 교류할 수 있다는 걸 확인했다. 단순히 사고
파는 행위 안에서도 같은 방향을 지향하고 같은 가치관을
공유하며 연결될 수 있다는 가능성이 가장 큰 소득이었다.

# 생존하기 위해서는
# 수익을 내야 한다

청년들의 촌 라이프를 위한 인프라를 구축하겠다고 호기롭게 시작했지만, 처음에는 온통 시행착오의 연속이었다. 특히 그 시작을 함께한 시즌1의 청년들이 105일간의 촌 라이프 체험을 끝냈을 때 가장 공감한 어려움은 '생계'였다. 왜 많은 사람이 어느 정도의 경제력을 갖춘 후에야 귀촌을 실행하는지 깨달은 것이다. 아무리 남해에서의 생활이 좋아도, 지속 가능하려면 수입이 필요하다. 그런데 촌에는 기업도, 시장도, 소비자도 적다. 기회를 만들기에 앞서 생존 자체가 우선과제였다.

촌민으로 입주한 청년들보다 더욱 '생계'에 대한 고민을 절감한 이들은 팜프라 멤버들이었다. 정해진 기간 동안 촌살이를 체험하고 이주 가능성을 모색하는 촌민들과 달리, 팜프라촌을 운영하는 멤버들은 워크숍을 진행하고 프로젝트를 진행하기 위한 비용이 필요했다. 불안정한 초기 정착 단계에 지쳐 촌을 떠나는 멤버도 있었다.

처음 팀을 꾸린 2018년부터 지금까지 우린 촌에서 안 해 본 일이 없다. 일용직, 강연은 물론이고 농사 체험 워크숍, 숲유치원 프로그램 진행, 집짓기 워크숍, 촌살이에 필요한 워크웨어 판매, 농산물 유통 등 정말 다양한 일을 했다. 용역과 공모 사업도 가리지 않았다. 입찰이나 용역 사업과는 다르게 공공에서 진행하는 공모 사업은 이를 운영하는 인력에 대한 인건비를 책정할 수 없다. 그렇기 때문에 다른 수익 사업도 병행해야 했다.

팜프라를 시작한 지 3년차가 되던 해, 그동안 우리가

해 온 일들을 정리하고, 그중 수익 사업 모델들을 점검하는 시간을 가졌다. 가장 먼저 한 일은 지금까지 만들었던 제품, 워크숍과 프로젝트들의 총 매입·매출을 살펴보는 것이었다. 모든 결과를 숫자로 환산하여 검토해 보았다.

엑셀의 빨간 숫자는 처참했다. 가장 큰 허점은 지금까지 우리의 인건비를 고려하지 않은 채 수익을 계산했다는 것이다. 시간 역시 비용이다. 실제 수익률을 알기 위해서는 이 또한 포함해야 했다. 우리의 노력과 시간에 정당한 인건비를 책정하고 엑셀을 돌리자 마이너스 수익률이 나왔다. 그나마 초기 비용이 없었던 '유채꽃 축제를 보내 드립니다' 프로젝트가 가장 수익률이 높았다. 나름대로 빠른 실행력과 피드백을 바탕으로 다양한 일을 벌여 왔다고 생각했는데, 결과적으론 실패였다. 아무리 의미가 있었던들 수익이 없이는 지속 가능하지 않기 때문이다.

처음 팜프라촌을 만들고 우리는 지역의 예술, 문화, 전통과 자연 자원을 바탕으로 촌에 없던 새로운 사업을 해 보려고 했다. 그 과정들을 돌이켜보니 치기 어린 생각이었다. 남해 지역의 주요 산업이라 할 수 있는 1차 생산업이나 관광 산업을 제외한 다른 산업들이 왜 다 사라졌는지 촌에서 이런 저런 일들을 벌이고 만들고 팔아 보면서야 비로소 알게 됐다. 사람들의 수요가 없어서 사라진 것이다. 필요가 없어진 산업의 수요자를 인구가 채 5만 명도 되지 않는 지역에서 찾으려고 했던 것이다. 차라리 우리가 기존 지역 관련 산업에 집중해 조금만 아이디어를 보태 변화를 주었다면, 더 효율적으로 수익성을 꾀할 수 있었을지도 모른다. 사람들은 '유채꽃 축제를 보내 드립니다'처럼 작은 변화에서 새로움을 느꼈다. 청년이기에 할 수 있는 새로운 일과 시장에서 바라는 익숙함 사이, 좁은 틈새에서 지속 가능한 수익 모델을 찾는 과정은 쉽지 않았다.

그런 시행착오를 겪으면서도 팜프라촌이 버틸 수 있었던 데에는 지자체 지원 사업의 도움이 컸다. 팜프라는 2019년과 2020년, 서울시 청년청 청년 지역교류 지원 사업인 '연결의 가능성' 사업에 2년 연속 선정되었다. 서울과 지역의 청년들의 교류와 협업으로 다양한 연결의 가능성을 모색하고 실제 변화를 만드는 청년 교류를 지원하는 사업이었기에 팜프라촌의 목표와도 딱 알맞은 사업이었다. 부족하긴 해도 덕분에 우리는 양아분교 공간을 정비하고 운영하는 데에 필요한 일부 비용을 지원받을 수 있었다. 우리 주거공간이자 사무공간으로 사용하는 양아분교 임대 비용만 해도 만만치 않았기 때문에 초기에 이런 지원이 없었다면 더욱 막막했을 것이다. 사람도 많고 공간도 크다 보니 한 달에 드는 기본 전기세만 수십만 원이었다. 우리에겐 '어떻게 해야 지원 사업 기간이 끝난 이후에도 팜프라촌을 지속할 수 있을까?' 하는 고민이 남았다.

# 1 청년 농부들을 위한 워크웨어, 퐅

목적: 촌 라이프에 적합한 워크웨어 제작을 통한 상품 론칭

내용: 바고클로딩과 협업해 워크웨어 제작 후 크라우드 펀딩 판매

기간: 2018년 6월~2019년 2월(9개월)

결과: 1400% 이상 펀딩 달성! 재판매 문의

BUT: 가격 설정 실패로 인해 마진 저조

'퐅'은 두모마을에 자리 잡기 전에 진행한 수익형 프로젝트다. 촌에서 산다는 것은 단순히 삶의 장소가 바뀌는 것을 넘어 삶의 방식이 바뀌는 일이다. 집을 짓고 농사를 짓는 우리의 일상 복장 역시 달라졌다. 흔히 생각하는 농촌의 작업복인 몸빼바지는 너무 빨리 해어졌다. 멜빵바지는 작업할 때 어깨에 부담이 갔고, 두께감 있는 점프수트형 작업복은 입고 벗을 때 불편했다. 결국 이런저런 이유로 가볍고 땀 배출이 잘 되는 형형색색의 등산복을 입었다. 멋스러움과 편안함을 동시에 갖춘 옷이 절실했다. 그 절실함을 해소하는 과정을 수익 모델로 만들어 보기로 했고 바고클로딩이라는 작업복 브랜드와 콜라보레이션을 했다. 초기 멤버였던 세모가 도맡아 진행했으며 디자인, 패턴, 샘플 제작까지 많은 수정을 거친 끝에 워크웨어 퐅이 완성되었다. 와디즈에서 크라우드 펀딩을 진행했고 결과는 성공적이었다. 하지만 촌에서는 공장도, 원단 자재를 구하기도 어려웠기 때문에 누구 한 명이 서울에 있지 않는 이상 지속하기 어려운 프로젝트였다.

**2**

## 유채꽃 축제를 보내 드립니다

목적: 두모마을 유휴자원 활용 & 코로나로 인해 축제에 오지
못하는 도시 소비자 위로
내용: 온라인 판매를 통해 유채꽃 택배 배송
기간: 2020년 3월~2020년 4월(1개월)
결과: 수요를 공급이 따라잡지 못할 정도로 주문 폭발

**3**

## 팜프라 매거진 : 시금치, 고사리, 돌문어 편

목적: 두모마을 농수산물 유통망 확보 & 팜프라의 첫 농산물
유통 홍보
내용: 매거진 제작을 통해 농산물 홍보, 판매
기간: 2019년 12월~2020년 1월, 2020년 12월(시금치),
2020년 4월~2020년 6월(고사리),
2020년 7월~2020년 8월(돌문어)
결과: 시금치 매거진은 1쇄 완판 후 2쇄 제작, 수익을
창출했으나, 고사리는 시금치에 비해 수요가 낮고
돌문어는 높은 생물 원가와 매거진 제작 시간에 비해
마진이 낮아 <팜프라 매거진> 중단 결정

시즌1 '살아 보기'와 시즌2 '벌어 보기' 사이에 진행한
<팜프라 매거진>은 총 3회, 시금치, 고사리, 돌문어
편으로 진행되었다. 그리고 번외편인 '유채꽃 축제를 보내
드립니다'가 있었다. 방송에 나와 크게 회자된 '유채꽃
축제를 보내 드립니다'가 가장 수익률이 높았고, 매입 원가가
높았던 돌문어 매거진이 가장 수익률이 낮았다. 결론적으로
우리는 이 실험에서 충분한 수익성과 지속 가능성을 엿보지

못했다. 가벼운 아이디어로 시작한 단기 프로젝트였기
때문에 초반부터 수익 창출에 대한 로드맵 없이 주먹구구로
진행되었다. 전략이 없다 보니 결과 측정도 제대로 하지
못했다. 매거진 제작과 생산에 드는 인건비를 고려하면
마이너스인 모델이었다. 하지만 의미 측면에서는 팜프라를
지역 바깥으로 널리 알릴 수 있었고, 진행하면서 멤버들 또한
지역은 물론 이웃 어르신에 대한 이해가 깊어질 수 있었던
뜻깊은 프로젝트였다. 단순히 손익 계산으로는 환산할 수
없는 추억도 담겨 있다.

**4** ⬤ 코부기 글라스 제작 워크숍

목적:  제작 워크숍 수익모델화 탐색 & 용역 수익 창출
내용:  2평 미니 온실 코부기 글라스 제작 워크숍
기간:  2020년 3월 13일 ~ 2020년 3월15일(3일)
결과:  워크숍 진행 수익 획득, 유료 교육 프로그램 개발

제작 워크숍은 강좌와 실습을 통해 촌에서 필요한 기술을
전파하고, 수익 사업을 모색하고자 하는 시도였다. 3회에
걸쳐 진행된 코부기 글라스 제작 워크숍에는 중학생부터
성인까지 약 60여 명이 참여했다. 팜프라 자체 워크숍이
아니라 교육 기관과 같은 외부의 요청을 받아 용역으로
진행하는 방식이라 약간의 수익을 남길 수 있었지만, 상당한
자재비가 들기 때문에 제대로 수익화하려면 강연료 상승이
필요하다고 판단되었다.

## 5    기타 용역과 공모 사업

디자인(남해바래길), 출판(남해 귀농귀촌사례집 제작),
교육(남해청년센터, 지리산청년), 청년정책 발굴
제안(남해귀촌청년연구, 청년친화도시 공모) 등

우리가 수익 모델로 진행한 워크숍이나 단기 프로젝트보다
현실적으로 팜프라에 도움이 된 것은 지역의 용역
사업이었다. 초기 팜프라 멤버들의 인건비는 거의 용역
사업으로 충당했다고 해도 과언이 아니다. 다행히
두모마을에 청년들이 모여 촌 라이프에 대한 다양한 실험을
한다는 사실이 알려지면서, 남해군과 가까운 지자체에서
여러 제안이 들어왔다. 적게는 몇 백에서 많게는 몇 천 단위의
일들을 하면서 지역과 행정에 대해 보다 자세히 알아 갈 수
있었으며 자체 역량을 키울 수도 있었다.

특히 의미있던 사업으로, 2019년 경상남도에서
청년친화도시라는 20억이 넘는 예산의 사업을 공모한
적이 있다. 경남의 시군 단위에 청년들을 위한 정책 예산이
처음으로 생기고 있었다. 남해군 청년팀 팀장님과 함께
이 사업의 용역을 진행했다. 2019년 7월 남해군 청년조례가
생기고 2020년 가을, 정책을 설계했다. 남해에 살고자 하는
청년, 혹은 이미 지내고 있는 친구들의 삶이 좀 더 나아지길
바라며 다문화 청년, 대학생, 공무원 청년, 기존 청년, 이주
청년 각 10명씩을 대상으로 인터뷰를 진행했다. 남해에
사는 데 어떤 것들이 불편하고 어떤 점이 좋은지 묻고,
이를 바탕으로 정책의 기본계획을 세우고 경상남도에서
진행하는 청년친화도시 사업을 신청했다. 그 결과 남해에
청년 예산이 생겼고, 청년팀은 청년과로, 그리고 청년센터,

청년네트워크가 생겼다. 사업을 진행하며 우리에게도
큰 도움이 되었고, 보람도 있었다.

　　　물론 이런 용역 사업을 많이 할수록 우리가 원래
계획한 자체 프로젝트에 집중할 여력이 부족해지는 것은
큰 단점이었다. 가끔은 주객이 전도된 것은 아닌가 하는
고민에 휩싸였다. 그러나 초기엔 공공사업을 대행하거나
지원 사업에 의존하면서 재정적 안정을 추구한 것이
정착에는 큰 도움이 됐다. 하지만 장기적으로 정말 원하는
일을 하려면 자체 수익 모델을 개발해 자립해야 한다는 것
또한 분명해졌다.

# 먹고사는 일과
# 하고 싶은 일 사이에서

예전에는 '어디서 뭐 하고 어떻게 살고 싶지?'라고
생각했을 때, 촌을 떠올려 본 적이 없어요. 그런데 이제는
제 삶에 새로운 선택지가 생긴 것 같아요. **시즌1 촌민 진아**

촌에 오고자 하는 청년들에게 주거와 더불어 귀촌의 가장
큰 고민은 '일'이다. 촌에는 도시만큼 일자리가 다양하지
않다. 기업도, 공단도 거의 없는 남해군에서 사람들은 주로
농림·어업에 종사하고 있고, 그 외에 건설업, 관광산업 정도가
소득원이다. 두모마을만 해도 과거엔 작은 슈퍼나 이발소와
같은 가게들이 있었는데 지금은 사라지고 없다. 인구가
줄어들며 그 기능이 필요 없어진 것이다.

그래서 두 번째 시즌에서는 인프라가 부족한 촌에서
무엇을 하며 어떻게 돈을 벌고 먹고살아 갈지 골몰해 보고자
했다. 이주를 꿈꾸는 청년들은 농사를 짓기보다는 작은
가게를 꾸리거나, 기술을 배워 촌에서 일자리를 구하거나,
지역 문화 콘텐츠를 생산하는 일을 하고 싶은 이들이 많았다.
도시에서 하던 일을 프리랜서로 계속하면서 시골의 환경을
누리며 살아가기를 원하는 이들도 있었다.

흥미로운 것은 팜프라촌에 온 청년들이 '벌어 보기'
프로젝트에서 '어떻게 돈을 벌지'보다 '내가 앞으로 무엇을
하며 살아가고 싶은지'에 더 집중했다는 점이다. 예기치
않은 코로나19의 대유행으로 사회 전체가 혼란을 맞이하며
'벌어 보기' 프로그램 진행이 어려운 까닭도 있었다. 그러나
진짜 이유는, 청년들이 평소의 일상에서 벗어나 어렵게 낸

시간이니만큼 도시에서와 마찬가지로 일을 하고 돈을 벌면서
시간을 보내기보다는, 귀중한 시간을 스스로에게 집중하고
평소에 하지 못했던 경험에 더 집중하고 싶었기 때문이었다.
누군가는 자기만의 시간을 가지며 스스로가 어떤 사람인지,
앞으로 무엇을 하고 싶은지 이제부터 알아 나가고 싶다고
했고, 또 다른 누군가는 글쓰기나 그림 그리기처럼 평소 하고
싶었지만 하지 못했던 일들에 도전해 보고 싶어 했다. 명확히
하고 싶은 일이 있는 청년도 있었지만, 낯선 촌에 적응하면서
자기 자신의 마음을 들여다보고 돌보는 시간을 갖기를
원하는 이도 있었다.

　　　'일'이란 단지 먹고살기 위한 수단만이 아닌
자아실현의 수단이기도 하다. 만약 단순히 돈 버는 것이
목적이라면, 편리한 인프라가 모두 구축되어 있고 일자리가
더 많은 도시를 벗어날 이유가 없을 것이다. 사회에서
인정받는 안정된 직장까지 포기하고 귀촌을 선택하는
청년들은 천편일률의 삶이 아닌 나만의 방식, 나만의 속도로
살고 싶어서 촌 라이프를 택하고 있다. 모두가 권장하는
탄탄대로의 삶 속에 행복이 있지 않음을 깨닫고, 조금 남다른
길이어도 내 삶의 주도권을 가지고 싶다는 생각이 그들을
촌으로 이끌었다. 팜프라촌에서 다양한 촌 라이프를 경험한
청년들 중에는 이후 남해에 정착해 자기만의 가게를 오픈한
촌민도 있고, 다른 지역으로 귀촌해 새로운 직업에 도전한
이도 있다. 팜프라촌에서의 시간은 청년들에게 자신이 살고
싶은 공간을 경험하는 것뿐만이 아니라, 앞으로 어떤 일을
하며 어떻게 살아가고 싶은지 생각해 보고 자신의 삶 전체를
계획하고 모색하는 기회가 아니었을까.

　　　단순히 숫자만 늘리기 급급한 일자리 정책이 대안이
되기 어려운 까닭은 촌에 오는 청년들이 '일'을 수단이
아니라 가치로 접근하고 평가하기 때문일 것이다. 일을 통해

자아실현을 꿈꾸는 청년들에게 "이곳에도 달에 300만 원을 버는 일자리가 있는데 힘들다고 청년들은 외면한다"는 이야기가 먹히지 않는 이유다. 누군가는 기업이나 공단 유치가 지역 경제에 더 절실하다고 말한다. 사람들이 빠져나가고 무너져 가는 지방 도시들을 떠올리면 맞는 말이다. 하지만 과연 그것으로 충분할까? 전국 모든 지방이 수도권처럼 도시화되고, 농촌이 쇠퇴하는 미래가 과연 우리 사회가 나아갈 바람직한 방향일까? 도시의 삶과 경쟁이 아닌 다른 대안을 찾아 촌으로 떠나온 청년들에게 또 다시 비슷한 대도시 경제 체제를 들이미는 것에서는 답이 보이지 않는다.

청년들에게 필요한 것은 다양한 일자리와 가능성, 그리고 무엇보다 사회의 안정망이다. 귀촌이 곧 귀농이라는 생각에서 벗어나, 청년이기에 할 수 있는 보다 다양한 일거리를 만들기 위해서는 청년들의 목소리에 더 귀 기울일 필요가 있다.

오늘날의 청년에게 일이란 삶의 의미를 찾고 자기 자신을 표현하는 수단이자 서로 소통하는 도구가 되기도 한다. "나는 흙을 만지는 농부예요", "나는 IT 업계에 종사하며 공간 제약 없이 일을 할 수 있어요", "내가 하고 있는 일이 세상을 변화시킬 거예요", "나는 적게 벌고 적게 소비하는 삶을 선택한 대신 나를 위한 시간을 많이 써요"와 같은 표현으로 자신을 소개하는 시대가 되었다.

이 청년들이 자신이 하고픈 일을 할 수 있는 '판'을 만들어 주는 것. 농사를 짓고 싶은 이는 농사를 지을 수 있고, 문화기획 일을 하고 싶은 이들에게는 그 일을 할 수 있도록 지원하는 열려 있는 지역 사회가 필요하다. 단순히 정착 지원금을 보조하는 방식이 아니라, 도시 청년과 지역의 청년이 연결될 수 있도록 만남의 기회를 제공해야 한다.

최근 몇 년 사이 귀농을 지원하는 것 외에도 워케이션 등 관계 인구를 늘리는 방식의 지역 활성화에 관심을 보이거나 다양한 실험을 장려하는 지원 사업이 많아지고 있다. 지자체도 어떻게든 청년들을 유입하고자 노력하고 있기 때문이다. 다양한 활동을 하는 청년들이 지역에 늘어날수록 더 많은 청년이 지역으로 몰려들 것이다. 팜프라촌을 찾아왔던 사람들 중에는 팜프라촌이 남해에 있다는 사실을 모른 채 온 사람도 있었다. 사람을 끌어들이는 것은 결국 사람이다. 누군가 지역을 하고 싶은 일을 하며 살아갈 수 있는 기회의 땅으로 여긴다면, 지역에 미래는 있다.

## 촌민 인터뷰

## 나의 두모 일기

고등학교 때까지는 앞으로의 삶을 상상하는 시간이 많았던 것 같아요. 그런데 대학 입학 후부터 그런 생각을 멈추었어요. 몇 살에는 교사가 될 것이고, 그다음에는 어떻게 살지 정해 둔 것이 많았거든요. 그러다 남해에 와서는 다시 미래에 대한 그림을 그렸어요. 새로운 것을 보고 경험하면서 이전보다 다양한 미래를 상상하게 되었죠. 나의 가능성을 스스로 닫아 놓고 있었던 것을 최근에야 인지했어요. 이곳에서의 생활이 저에게는 전환점이에요. 내가 좋아하는 것이 무엇인지 들여다보고 여러 가능성을 열어 두게 됐으니까요. **시즌2 촌민 수민**

크로스핏은 제가 오랫동안
관심을 두고 좋아한 운동이에요.
외국의 경우 시골에서도 공간의
제약을 받지 않고 얼마든지
크로스핏을 하는데 우리나라는
시설들이 도시에만 몰려
있거든요. 농촌 크로스핏을
시도해 보면 재밌겠다고
생각했어요. 아쉽게도
팜프라촌에서 실험해 보진
못했지만 그렇다고 아무것도
얻지 못한 건 아니에요. 시골에
어떤 사람이 살고 있는지,
어떤 시설이 있고 사람들은
어떻게 생각하는지, 무엇이
부족한지 생생하게 보고
들을 수 있었으니까요. 이 경험을
바탕으로 앞으로 차근차근
준비를 해서 즐거운 농촌
크로스핏 문화를 만들어 보고
싶어요. 이곳으로 돌아올 때까지
남해가 지금처럼 아름다운
모습으로 남아 있으면 좋겠어요.
**시즌2 촌민 예진**

이상하고 아름다운 판타지 촌 라이프

원고를 정기적으로 써 보는 것은
이곳에 와서 처음이에요. 주로
남해에서 하는 생각이나 겪은 일,
바다를 테마로 소개하고 싶은
작품을 소개하는 글을 썼는데, 여기
와서 눈에 보이는 모든 게 아름답고
쓰고 싶은 이야기가 많았어요.
쥐어짜낸다는 느낌이 없이 글을
쓸 수 있어서 되게 신기했어요. 제가
쓴 글로 돈을 벌 기회가 있다는 게
즐겁고 고맙고 재미있었어요.
제가 글 쓰는 것을 좋아한다는
것을 다시 깨달았어요. (하지만)
원고료만으로 생활비를 충당하기는
쉽지 않더라고요. 남해에 오면 덜
쓸 줄 알았는데, 지출이 크게 줄진
않았어요. 제 예상과 크게 다르지
않게 시골에는 돈 벌 거리가 진짜
없는 것 같아요. 아르바이트를
하려고 해도 차가 있어야 하고,
간단한 일자리 구하기도 쉽지
않고요. 결국 자영업밖에 없다는
생각도 들었어요. 혹은 디자인 등
기술을 가진 프리랜서이거나.

**시즌2 촌민 하정**

빈다는 것이 정말 힘들다는 것을
알았어요. 제가 촌에 산다면
취업하는 게 답일 것 같아요.
경제적인 안정을 찾고 싶거든요.
촌에서 계속 살고 싶어요. 자연과
가까이 사는 게 정말 좋은 것
같아요. 그러기 위해서는 더더욱
직장 생활이 더 나은 것 같고요.
지역에서 혼자 창업을 하는 건
엄두가 나질 않아요.

**시즌2 촌민 순혁**

초반에는 제가 활동했던
시흥에서 디자인 의뢰가
많았어요. 주로 팜프라촌
코워킹 공간에서 디자인 작업을
하고 중간중간 산책을 하면서
지냈어요. 가을이 가까워질 때
마을 축제에 필요한 인터뷰
영상을 만드는 데 집중했고요.
그 이후로는 제가 하고 싶던
사진과 영상 작업에 집중했어요.
이곳에서 제일 하고 싶었던
일이었거든요. 시골에서 돈을

프리랜서로 일했던 경험이
있어서 남해에 와서도 큰
차이는 없었어요. 처음 촌민
모집 포스터에 '촌에서 뭐 먹고
살지?'라는 문구가 있었는데
저는 제가 이곳에 와서도 해 왔던
비슷한 일을 할 거라 생각했지
갑자기 농사를 지을 거라
생각하진 않았어요. 그래도
차이가 있다면 풍경이 달라진 게
크죠. 그게 제가 하는 작업에

자연스럽게 영향을 끼치지
않았을까요? 커리어 측면에서
성장한 저의 모습이 보고 싶은데,
촌에서 살아가는 것이 저의
미래일 수도 있죠. 아직은 잘
모르겠어요. 꼭 하나만 선택해야
하나 싶기도 하고요. 다양하게
살아가고 싶어요. 삶의 형태는
너무 다양하니까요.

**시즌1 촌민 진아**

## 남해에 이주한 청년 이웃들은
## 무얼 하며 살고 있을까?

남해에는 먼저 이주해 자리를 잡은 청년들이 여럿 있었다.
청년이 많지 않은 지역이기 때문인지 몇 번의 왕래로 금세
친구가 될 수 있었다. 우리보다 일찍 자리 잡은 청년들은
왜 이주했고, 어떤 일을 하며 살고 있을까? 우리는 12명의
지역 이웃을 만나 인터뷰를 진행했다. 12명의 이웃 중 2명은
고향에 돌아온 케이스고, 10명은 연고 없이 귀촌했다.
또 이들 중 2명은 팀 단위로 회사를 운영하고 있고 나머지는
모두 자영업 혹은 개인 활동을 해 나가는 경우였다. 이어지는
인터뷰는 2019년 가을에 이루어진 것으로, 진영과 뚜또가
진행했다.

**1** 　 **해변의 카카카: 하성민, 정소형**

**월세나 생활비는 어떻게 감당하고 있나요?**

**성민** 같이 생활하는 친구들이 각자 형편대로 월 1만 원~15만 원씩 내서 월세나 필요한 생활비를 충당한다. 처음 남해에 내려왔을 때는 내가 하고 싶은, 글 쓰는 일에 집중하고 싶었다. 그래도 최소 생활비는 필요하니, 초반 6개월 정도는 아르바이트를 하며 버티는 시간이 있었다.

**소형** 아직까지 우리도 어떻게 지역에서 일을 구하고 돈을 벌지 고민하는 단계다. 나는 디자인을 하고 있어서 외주로 받는 일이 있지만 매우 비정기적이라 안정적이진 않다. 서울에서 이미 너무 많은 일을 해 봤다. 너무 지루했고, 재미가 없었다. 더 이상 내 시간을 남을 위한 일에 낭비하고 싶지 않다. 내가 하고 싶은 일을 원하는 만큼 적절히 해 나가고 싶은데, 그 방법을 아직 찾아가는 중이다.

**무인도 영화제 개최, 출판물 제작 등 다양한 일을 남해에서 해 오지 않았나요?**

**성민** 모두 지원 사업을 통해서 진행했다. 서울에 살 때 문화기획 분야에서 일했다. 남해에서 살아가는 사람들의 이야기를 담아 책을 만들고, 영화제도 열어 보았다. 생각보다 많은 시간과 에너지를 쏟았지만, 남는 돈은 별로 없었다. 여전히 생계를 유지할 방법을 고민하고 있다.

**그런데도 생활을 유지하는 게 가능한가요?**

**성민** 지금까지 친구들과 돈을 모아서 주거 비용과 생활비를 감당하고 있으니 큰 고정비 부담이 없기도 하고, 운 좋게 지원 사업에 선정되기도 했다.

**소형** 돈을 버는 게 줄어든 만큼, 소비도 줄어들었다. 남해에서는 서울보다 돈 쓸 일이 적다. 서울에서는 돈을 쓸 곳이 너무 많지 않다. 남해에서는 아무렇게나 입고 다녀도 상관없다. 굳이 옷이나 화장품에 돈을 쓰지 않아도 된다.

### 그래도 무시할 수 없는 지출이 있지 않나요?

**성민** 유류비가 생각보다 많이 든다. 남해는 무엇을 하든 차가 있어야 하는 환경이다 보니, 기름값이 상당히 많이 나간다. 보일러 기름도 진짜 많이 들고 비싸다. 그래서 기름을 최소한만 쓰고, 추위를 참고 산다. 그 밖에 크게 부담되는 비용은 없다. 집에서 밥을 직접 해 먹으니 식비도 많이 안 들고.

### 남해에서 지금 하고 있는 일을 계속 이어 가고 싶나요?

**성민** 아직까지는 그렇다. 결과가 어쨌든 그동안 내가 하고 싶은 일을 해 보았다는 것 자체가 좋았다. 물론 갈 길이 멀어 보이지만, 남해를 기반으로 우리가 만드는 콘텐츠가 앞으로 충분히 가능성 있다고 생각한다.

**소형** 지역에서 행사나 출판을 직접 해 보니, 서울보다 더 많은 시간과 비용이 들었다. 내가 하고 싶은 일을 하기 위해 하기 싫은 일을 더 많이 할 때도 있다. 그래도 나에게 의미 있기에 계속 이어 가고 싶다. 그리고 그 일이 지금보다 더 가치 있게 인정받았으면 좋겠다.

이사를 고민하던 해변의 카카카 친구들은 이후 많은 이들의 도움을 받아 남해군 서면에 위치한 작은 건물을 매입해 2022년 10월에 새 공간을 오픈했다. 지역에서의 삶을 실험하는 이들의 도전은 현재진행형이다.

**2**

## B급 상점: 우세진

### 처음에 생계는 어떻게 유지했나요?

집 공사를 할 때, 근처 농산물 유통 업체 사장님이 오셔서
계획을 물어본 적이 있다. 일자리를 알아볼 생각이라고
말했더니, 어장 일을 소개해 주셨다. 시골에서도 200~300만
원 받는 일자리를 구할 수 있다. 대부분 농산물 유통단지나
어장에 몰려 있는데, 일손이 없어서 외국인 노동자를 구해
쓰는 실정이다. 나도 어장 일을 계속할 생각이었는데, 다치는
바람에 한 달도 채 되지 않아 일을 그만두었다.

### B급 상점은 어떻게 시작하게 되었나요?

어장 일을 그만두고 고민하다가, 집에 딸린 창고에서 물건을
만들어 팔아 보자는 생각을 했다. 도시에서는 임대료만으로
몇 백, 몇 천을 내야 하는데, 남해에서는 그저 집에 딸린 작은
창고에서 돈을 벌 수도 있더라. 마침 창고에 묵혀 둔 목공용
중고 기계들이 있어, 판매용 목공 제품을 하나씩 만들기
시작했다. 돌아보면 되게 무모하게 시작했던 것 같다.

### 상점의 판매 상품은 어떻게 구성하나요?

소품 상점 운영은 처음이라, 유통에 대해 전혀 모르는
상태에서 시작했다. 우선 돌창고에서 진행했던 프리마켓
'돌장'에 참여한 지역 소규모 작업자들의 물건을 조금씩
받아서 팔았다. 지금은 대부분 내가 직접 만든 물건이나
유통업체를 통해 손수 들여오는 인도 패브릭 '카디' 등을 팔고
있다. 일종의 가내수공업인 셈인데, 임대료나 인건비 부담이
없으니 속이 편하다. 노력한 만큼 돈을 벌 수 있으니까.

### 상점 운영만으로 생계유지가 되나요?

처음에는 힘들었다. 적게 벌고 적게 쓰겠다는 생각으로
이주를 했지만, 생활에 드는 돈을 벌어야 하는 것은 도시든
시골이든 마찬가지다. 다행히 점점 상점을 찾는 사람이
많아졌다. 하지만 안정적이진 않다. 비수기와 성수기 매출
차이가 세 배 가까이 난다. 성수기가 지나면, 비수기 동안
못 샀던 물건들을 산다.

### 5인 가족 생활비가 만만치 않을 것 같아요.

한 달에 300만 원 정도 드는 것 같다. 아마 다른 5인 가족에
비해선 적은 규모일 거다. 도시에 살 때는 집값, 교육비에
제일 많은 돈을 썼다. 그런데 지금은 집값이 안 나가고,
교육비도 크게 안 나간다. 도시에서는 너무도 쉽게 돈 쓸 곳을
만나지 않나. 마트에 한 번 가도, 안 사도 될 물건을 사게 되고.
남해에서는 본인이 아껴 쓰면, 그다지 돈 쓸 곳이 없다. 돈을
많이 벌면 많이 쓰게 되고, 적게 벌면 아껴 쓰게 되더라.

### 남해는 도시가스가 아니라 기름 보일러라, 겨울 유지 관리비도 높지 않나요?

한 달에 기름값이 30만 원 정도 드는 것 같다. 도시에서
30평대 아파트에 살 때, 매달 관리비만 20만 원 넘게 나갔다.
여기선 겨울에 잠깐 몇 달 기름 보일러 돌리는 것 말고는,
고정적으로 집에 들어가는 비용이 없으니 도시보다 훨씬
저렴하게 생활한다.

우세진 대표는 여전히 가족과 함께 즐거운 남해 생활을 이어가고 있다. 그는
다시 돌이켜 생각해도 귀촌이 아이들을 위한 최고의 선택이었으며, 아이들
덕분에 그 역시 행복한 30대, 40대를 보내고 있다고 덧붙였다.

**3**

## 아마도책방: 박수진

### 책방은 어떻게 열었나요?

원래 건축 관련 분야에서 일을 했는데, 적성이 맞지 않아 일찍
그만뒀다. 다시 그 일을 하고 싶진 않았다. 앞으로 무엇을
해야 할지 고민도 하고 방황도 하다가, 책방을 떠올렸다. 평소
여행을 가면 그 지역 동네서점을 찾아다니는 걸 좋아했다.
책을 좋아하기도 하고, 책방이라면 내가 좋아하는 것들을
잘 담을 수 있는 공간이 될 거라 생각했다. 또 남해에 책방이
없었다. 관광지이기도 하니, 가능성이 있지 않을까 싶었다.

### 가게 공간은 어떻게 구했나요?

우연히 길을 지나다가 임대 종이가 붙어 있는 것을 보고
주인과 직거래로 계약했다. 월세를 내고 있는데, 저렴하게 구한
편이다. 오래된 곳이라 손볼 곳은 많았는데, 집수리하는 데
필요한 것도 잘 협조해 주셨다. 집주인을 잘 만났다.

### 책방 운영으로 생계유지가 가능한가요?

반려묘 바람이와 나, 단출한 가족이라 책방 수익만으로도
그럭저럭 유지가 된다. 책방의 경우 방문객의 80%가
관광객이다. 주로 주말에 20~30대 여성 관광객이 많이
찾는다. 평일에는 방문객이 적다. 올해 온라인 스토어를 열어
판매를 시작하면서, 그나마 평일에도 매출을 내고 있다.

### 도서 판매 외에 다른 매출은 없나요?

도서 판매가 제일 크다. 방문객 대부분이 한 권씩 구매해 가는
편이고, 온라인 판매도 꾸준히 이루어지고 있다. 지원 사업을
통해 몇 번 강연이나 워크숍을 열어 보기도 했는데, 그것으로

수익을 창출하기는 어려웠다. 추가로 드는 비용이나
에너지가 오히려 더 많다. 정산과 서류 업무도 그렇고, 작가를
초빙할 때도 섬 지방이다 보니 숙박이나 이동 등 준비해야
할 게 많았다.

**책방 운영이 처음이라고 했는데, 어려움은 없었나요?**

책방을 처음 준비할 때는 남해에서 만난 귀촌 이웃들의 많은
도움을 받았다. 지금도 주변 가게들과 도움을 주고받고 있다.
삶의 질은 전보다 높아졌지만, 불특정 다수의 사람들을 계속
만나다 보니 힘들 때가 많다. 호구 조사하듯 질문을 퍼붓는
분도 있고, 사진만 요란하게 찍고 가는 분도 있었다. 누구도
만나기 싫어져서, 한 달간 책방 문을 닫은 적도 있다.

**그런 경우에 어떻게 대처를 했나요?**

처음에는 혼자 속으로 앓다가, 점점 책방의 구조나 운영
방식을 바꿔 나가기 시작했다. 필요할 때는 잠깐이나마
손님과 거리를 두고 혼자 숨을 고를 수 있는 작은 공간을
만든다든지, 책방 내부는 사진 촬영이 어렵다고 안내문을
써서 입구에 붙여 둔다든지. 책방 구석구석마다 사연 없는
곳이 없다.

**앞으로도 지금처럼 책방을 운영하며 남해살이를 이어갈
계획인가요?**

언제든 상황은 바뀔 수 있겠지만, 자연과 가까이 사는 게
좋다. 자연을 통해 나도 많이 변했다. 다만 지금처럼 관광객을
주요 대상으로 책방을 운영하는 데에는 한계가 분명해
보인다. 책방 손님은 점점 많아지고 있지만, 그 기간이
오래가진 않을 것 같다. 남해는 여름철이 그나마 성수기인데,
여름철 관광객도 점점 줄어드는 것 같아 앞으로가 고민이다.

어느 책방이든 그렇겠지만, 책을 팔아서 남는 마진 자체가
너무 낮아서 고민이 더 깊다.

**그래서 새롭게 시도하고 있는 것들이 있나요?**

올해 온라인 판매를 시작했다. 평일에는 대부분 온라인
스토어 운영과 고객에게 택배를 보내는 데에 시간을 쏟는다.
또 지원 사업을 통해 여러 다양한 지역에서 열리는 북 페어에
참여하고, 북토크와 북마켓을 직접 기획하기도 했다. 남해를
오고 가는 사람들뿐 아니라, 좀 더 넓은 범위의 사람들과
만나고 소통하며 책방을 알릴 수 있도록 노력하고 있다.

아마도책방은 2022년 10월 31일을 끝으로 책방 문을 닫았다. 당분간 쉬어
가며 어느 지역에서 또 어떤 도전을 할지 고민하려고 한다.

**④** **돌창고: 최승용**

**여러 형태의 문화공간을 만들어 운영하고 있는데 그 동력은 무엇인가요?**

나의 결핍. 여러 사람을 위해 문화공간을 만들었다기보다는 미술을 좋아하는데 볼 곳이 없으니 전시장을 만들고, 향 좋은 커피를 매일 마시고 싶은데 없으니 카페를 만들고, 책을 읽고 글을 쓰는 것을 좋아하는데 없으니 출판사와 책방을 만들었다. 그것을 모아 놓으니 문화공간이 되었다. 그 다음은 찾아오는 친구들이다. 그렇게 공간을 열어 놓으니 어디에 숨어 있었는지 남해에서 또 도시에서 친구들이 찾아왔다. 최종적으로는 회사의 성장이다. 지역에서 문화기획과 문화공간 운영업을 하는 튼튼한 회사를 만들고 싶다. 돌창고 뿐만 아니라 여러 문화공간을 기획하는 이유들이다.

**돌창고는 어떻게 구입했나요?**

돌창고를 구입할 때는 부모님에게 "나 결혼할 때 얼마를 주실 예정이냐?"고 물었고 어머님이 "한 몇 천만 원?" 그러시길래 지금 주시라 해서 돌창고를 구입했다. 그리고 나서 돌창고 건물을 담보로 대출을 받아 리노베이션 및 운영자금으로 썼다. 그렇게 얻은 빚은 돌창고 방문객이 많아져서 모두 갚았다. 자본이 넉넉하다기보다는 '노력하면 무조건 잘 될 것이다'라는 마인드가 있어서 과감히 대출 받아 시도했다. 걱정이 많은 편이 아니고 좀 단순해서 그렇게 무엇이든 하고자 하는 것이 있으면 계획을 세워서 진행한다.

**현재는 필요한 자본을 주로 어떻게 마련하나요?**

돌창고라는 문화공간을 운영하며 나오는 수입과

문화기획업으로 나오는 수입으로 회사를 운영하고 있다.
수익이 발생하지 않는 아트 프로젝트, 예를 들면 미술 전시,
음악 공연과 같은 프로그램은 매년 공모 사업에 도전해
선정되면 그 사업비와 회사의 자금을 보태서 운영해 나간다.

### 남해에서 일을 함께 할 동료를 만나는 것이 어렵지 않았나요?

도시나 지역이나 함께 잘해 나갈 수 있는 동료들을 만나기는
어렵다. 우선 회사 자체가 능력 있는 동료들을 포용할 만한
재정과 성장 가능성을 가지고 있어야 한다. 초창기에는
당연히 어려워 직접 찾아가 만나 읍소해서 팀을 꾸렸다.
지금은 채용공고를 낸다. 총 7명의 함께 일하는 동료가 있고
그중에 남해 출신은 4명, 사천 1명, 거제 1명, 일본 1명으로
구성되어 있다. 문화공간 운영과 기획을 남해라는 곳에서
하기 어려운 이유도 많지만, 역으로 희소해서 우리 같이 아직
부족한 회사에 기회가 오는 장점도 있다. 그런 기회를 통해
역량을 키워 나가다 보면 능력 있고 우리 회사의 가치에
공감하는 동료들이 스스로 찾아올 것이라 기대한다.

### 앞으로 남해에서 더 하고 싶은 일이 있나요?

남해에 본사를 두고 문화공간 운영과 기획을 하는 건실한
회사로 자리 잡고 싶다. 아마도 기획업이 앞으로 우리 회사의
주 업무가 될 테지만 개인적으로 돌창고라는 문화공간이
100년은 갈 수 있도록, '100년 가게'로 존재하고 싶다.

### 그런 바람을 이루기 위해서는 개인 차원을 넘어서서 행정의 역할도 크지 않을까요?

우리 회사의 변화 과정을 3단계로 나누어 보면, ①무브먼트
→ ②프로젝트 → ③비즈니스로 볼 수 있다. 무브먼트

단계는 돌창고에서 무언가를 해 보자 하면서 마음에 맞는
친구들 몇몇이 모여 전시도 하고 마켓도 여는 작은 움직임의
단계로 구성원과 지인들의 만족감에 더 큰 목적이 있었다.
이 단계에서는 지출만 있지 수입은 없다. 프로젝트 단계는
돌창고에서 하는 활동들이 소소하게 모인 몇 명이 아닌 좀 더
넓은 범위의 타인에게까지 영향력을 끼치고 모여드는 단계로
그렇게 모인 타인에게서 얻는 수입은 있지만 그것이 수익,
즉 잉여재산으로는 남지 않는 단계였다. 비즈니스 단계는
일반 대중을 대상으로 그 범위가 넓어지고 수익 창출에
목적을 두고 사업을 진행해 가는 단계이다. 정부가 지원을
한다면 이 단계를 구분하여 정책을 쓰면 좀 더 디테일한
지원책이 되지 않을까 한다. 도전하는 친구들에 대한 열린
마음으로 함께 키워 나간다는 생각도 중요하다.

돌창고는 남해에서 문화기획을 이어가며 오늘도 재미있고 다양한 일들을 벌
이고자 골몰하고 있다.

# Chapter 3

# 촌에서 살아간다는 것

## 사람, 삶, 네트워크

# 60 아래는 다 청년이지

두모마을 어르신들은 우리를 '학교 애들'이라고 부르신다.
학교를 떠난 지 20년 가까이 된 사람이나, 여전히 학생인
사람이나, 모두 '학교 애들'이 되어 살아가고 있다. '학교
애들'이 된 나는, 조금 달라졌다. 낯가리지 않고 어른들께
인사하게 되었고, 마을 사람들이 모인 자리에서 따뜻함을
느끼게 되었다.  **시즌2 촌민 수민**

얼마 전 마을회관에 갔을 때 좀 놀란 적이 있어요. 생각했던
것보다 어르신들 나이가 많아서요. 언론에서만 말하던
지역의 빠른 고령화를 실제로 보고 충격이었어요. '농촌은
어르신들이 많지'라고 관념적으로만 생각하다가, 이곳에 와서
보니 정말 그렇더군요.  **시즌1 촌민 재욱**

두모마을 양아분교에 자리 잡고 가장 처음 한 일은
마을회관으로 인사를 드리러 간 것이었다. 이장님은 마을
방송까지 하셨다.

"현재 학교에 와서 살고 있는 젊은 친구들이
마을회관에 와서 인사를 드린다고 합니다. 아직 잘 모르시는
주민들도 회관에 나오셔서 함께 만나 인사도 하시고…."

그렇게 처음으로 두모마을 어르신들을 모두
한자리에서 뵈었다. 일흔둘, 여든일곱, 아흔둘이라는 숫자가
무색하게 다들 어찌나 정정하시던지! 첫 인사 자리는
금세 잔치로 변했고, 한편에서 장구 소리가 나더니 춤판이
벌어졌다. 촌민 미랑의 장구 장단에 맞추어 어르신들과

노래도 하고 춤도 추다 보니 어느새 세 시간이 훌쩍 흘렀다.
어르신들은 우리가 손자 손녀 같다며 좋아하셨다. 마을의
옛날이야기들도 들려주시고, 헤어질 땐 집에 놀러 오라며
초대해 주셨다.

　　옆집 할머니는 "촌에서는 60 아래는 다 청년"이라고
말씀하셨다. "그럼 저희는요?" 하고 여쭙자 "니들은
애들이지"라는 답이 돌아왔다. 그때부터 마을 어르신들은
우리를 '학교 애들'이라고 부르셨다. 이제는 없어진, 옛날
초등학교 분교에 자리 잡은 젊은 아이들. 그래서 우리도
어르신께 '학교 애들'이라고 우리를 소개하기 시작했다.

　　할머니들은 우리가 밥은 잘 해 먹는지, 젊은 애들이
학교에 모여 뭘 하는지 궁금해하시는 눈치지만 묻지는
않으셨다. 그저 지나가듯 "밥 먹었나?"라고 안부처럼
물으셨다. 가끔 어르신들 일하실 때 작업하시는 밭에 커피
한 잔 가져가면 "밥 먹으러 가자" 하시거나, 이미 밥을
먹었다고 하면 방금 수확한 시금치나, 밭에서 직접 키운 고추,
가지, 호박, 마늘을 나눠 주시기도 하고, 김치 한 통, 또는
냉동실에 얼려 둔 커다란 생선을 주시기도 했다. 그럴 때마다
이곳에 살면 굶어 죽진 않겠다는 생각이 들었다. 촌민들도
팜프라촌에서 살다 보니 항상 주변 사람들이 먹을 것을 나눠
줘서 냉장고가 빌 틈이 없다고 말하곤 했다.

　　촌살이에 적응하는 청년들에게 마을 어르신들은
가장 큰 힘이 되고, 가장 큰 뒷배가 되어 주셨다. 특히 마을
이장님은 두모마을에서 팜프라촌을 시작해 볼 수 있었던
가장 큰 의지처였다. 양아분교의 조경 관리나 텃밭 만들기로
고전하고 있을 때에도 조용히 오셔서 면사무소에서 예초기를
빌려오는 방법이나 예초기 사용법을 직접 알려 주셨고, 본인
트랙터로 밭을 갈아주시기도 했다. 평소에는 항상 멀리서
지켜만 보시다가 우리가 어려워하고 있을 때쯤 쓰윽 다가와

도와주곤 다시 쓰윽 가시는 이장님은 항상 우리가 하는 일을 응원해 주는 가장 든든한 지원군이다.

　　마을에서 젊은 청년 축에 드는 50대 강미라 사무장님은 항상 친절하게 시골 생활 요령들을 알려 주셨다. 농번기에 일하고 계신 마을 어르신들께 시원한 물이나 믹스 커피를 한 잔 가져다 드리며 관계를 쌓는 노하우부터 마을에서 쓰레기 버리는 방법, 마을 대청소 날이 언제인지, 바다에 떠내려온 쓰레기를 줍거나 잡초를 제거하는 것 등 마을에 살며 필요한 일들을 하나하나 함께하며 알려 주셨다.

　　아이 한 명이 자라기 위해서는 온 마을 필요하다는 말처럼, 팜프라촌에 온 청년들, 아니 '학교 애들' 또한 많은 어른들의 도움과 보살핌으로 마을 안에서 촌 라이프 실험을 이어갈 수 있었다.

## 프로 N잡러,
## 두모마을 용접신

남해에 와서 가장 놀랐던 순간은 용접신을 처음 만났을 때다. 양아분교 운동장에서 코부기를 짓던 우리 가까이로 트럭 하나가 다가오더니 뽀글머리에 선글라스를 낀 중년 남성이 내렸다. 느와르 코믹 영화에서나 볼 법한 외형의 그 사람은 용접하는 나를 가만히 지켜보더니 트럭을 타고 홀연히 사라졌다. 몇 분이 지나 다시 나타난 그는 생전 처음 보는 도구들을 꺼내 오더니 아무런 설명도 없이 치이익 치이익 용접을 시작했다. 그것도 눈을 감은 채! 이렇다 할 설명도 없이 그는 용접을 해 주고 그렇게 사라졌다. 이때부터 우리는 그를 용접신이라고 부르기 시작했다.

그 후로도 우리가 어려움을 겪고 있을 때면 어디선가 휙 나타나서 뚝딱뚝딱 해결해 주시는 이분. 대체 직업이 뭘까? 어떻게 알고 번쩍 나타나시는 걸까? 수조가 실린 트럭을 보면 아마 어부 같은데, 이상하게 트럭 위에는 경찰차 위에 있을 법한 경광등이 달려 있었다. 눈을 감고 용접하는 신의 경지에 이른 실력을 보면 용접공인가 싶기도 하고…. 나는 참다 못해 물었다.

"용접신은 직업이 뭐예요?"

"나? 다 하지. 고기도 잡고, 경운기도 고치고, 순찰도 다니고."

용접신은 어찌 답해야 할지 모르겠다는 표정과 어투로 답했다. 그에 내가 당황하고 말았다.

"아니, 그래서… 본 직업이 뭐냐고요…."

사시사철 바뀌는 자연과 더불어 살아가기 때문일까.

투잡, 쓰리잡, N잡 이야기가 이제야 나오고 있는 도시와
달리 촌 사람들은 아주 오래전부터 굳이 이유와 설명이
필요하지 않을 정도로 자연스럽게 N잡러로 여러 가지
일을 동시에 해 오고 있었다. 두모마을 이장님 역시 그랬다.
철따라 하는 일이 달랐다. 봄에는 유채를 심고, 여름에는
모내기를 하며, 가을에는 트랙터를 몰고, 겨울에는 어부가
되고, 평소에는 마을을 책임지는 이장 일을 했다. 촌에서
살아남기 위해서는 모든 것을 다 할 줄 아는 사람이어야 했다.
용접신과 이장님처럼 말이다. 그래서 용접신은 자기 직업을,
자신을 단 하나로 정의 내릴 수 없었던 것이다. 이를 계기로
깨달았다. 삶의 환경이 달라지면, 삶의 방식 또한 달라지는
것이구나.

　　　촌은 시간 개념도 남다르다. 몇 날 몇 시에 어디에서
보자 약속하는 우리와 달리 지나가다 들르고, 없으면
언제일지도 모르는 다음을 기약하는 마을의 방식에 처음에는
적응이 쉽지 않았다. 곧 가겠노라는 연락도 없이 불쑥
찾아오시는 마을 분들의 방문 덕분에 당황한 적도 여러 번
있었다. 기껏 시간 약속을 정해도 상황 따라 흐름 따라 변하기
일쑤다. 시골 사람들이 말하는 '조만간'은 내일일지, 모레일지,
아니면 한 달 뒤일지 도통 알기 어려웠다. 어느 날엔 두모마을
사무장님과 이야기를 나누는데, 당신의 일화를 말씀하시던
중에 그게 언제 적 일이냐는 내 물음에 이렇게 답했다.

　　　"최근이여. 최근까지 그랬어. 한… 10년 전인가?"

　　　나는 또 다시 할 말을 잃고 말았다. '최근'인데
10년이라니. 상충되는 듯한 두 단어가 어쩌다 같은 쓰이는
걸까? 두 단어의 간극은 어디로 사라져 버린 걸까? 분명 같은
땅임에도 불구하고 촌의 시간은 도시보다 한참을 느리게
흘러가는 듯했다. 지역 사회가 좁기 때문일까. 굳이 붙잡지
않고 스쳐 지나가면 끝나는 도시와 달리 수십 년을 계속 옆에

부대끼며 살아가기 때문일까. 10년 전의 일도 바로 어제
일처럼 회자되는 곳이 촌이다. 그래서 좋은 일도 싫은 일도
오래도록 입에 오르내린다.

　　　짧은 촌살이 경력이지만, 촌에 살면서 처음에는
이해하기 힘들었던 촌 마을의 방식에도 다 이유가 있다는
것을 알았다. 시골살이가 도시의 삶과 많이 다르냐고 묻는
사람들에게 이제는 답해 줄 수 있을 것 같다. "삶의 환경이
달라지면, 삶의 방식도 달라진다. 이건 불문율이에요"라고.

# 시골 잔치가 쉬운 게 아녀

"뭐가 그렇게 신나세요?"
"니들 사진을 보니까 우리 청춘이 생각나."

마을 어르신들이 우리를 환영해 주신 만큼, 우리도 마을
어르신들을 모시고 1년에 한 번쯤은 식사를 대접하고 함께
놀고 싶었다. 그래서 마을 잔치를 준비했다. 이른바 '두모
큰잔치'라 이름 붙인 이 잔치는 준비부터 쉽지 않았다. 물론
우리를 '학교 애들'이라며 예뻐해 주시는 어르신들이니
무엇을 해도 예쁘게 봐 주실 거라 믿었지만, 한편으로는
걱정도 됐다. 그냥 모셔서 밥 한 끼 대접하기엔 말도 많고
탈도 많은 곳이 시골 아니던가! 식사를 어떻게 준비해야 할지
의논하러 사무장님을 찾았더니 하나부터 열까지 깨알 같은
조언이 속사포 랩처럼 쏟아졌다.

　"시골에선 잔치가 엄청 큰 행사여. 어르신들은 믹스
커피 안 드시면 자리에서 안 일어나."

　처음 여는 두모 큰잔치에 어르신 40분 정도 오시면
다행이다 싶었는데 70여 분이나 오셨다. 거의 마을 주민
전체가 다 모인 규모였다. 급하게 공용식당 바깥에도 평상을
놓아 상을 차렸다. 서울, 논산, 진주, 수원, 통영, 고성 등 전국
곳곳에서 찾아 주신 분들까지 더하면 손님이 130여 명에
달했다. 준비한 잔치국수가 모자라진 않을지, 우리가 준비한
사진 전시와 풍물공연이 지루하진 않을지 우왕좌왕 손님들을
모시기에 급급했다. 정신없이 식사를 대접하고 나서,
미적거리고 있는 우리에게 사무장님이 급히 말씀하셨다.

"어르신들 노래 바로 안 시키면 다 집에 가 버리신다. 밥 드셨으면 언능 노래 시켜 드려라."

계획과는 다르게, 상황과 분위기에 따라 재량껏 시간이며 순서를 조정해야 하는 것이 시골 잔치다. 다행히 늦지 않게 마이크를 잡으신 어르신들은 온종일 덩실덩실 춤추고 노래하셨다.

다음 날, 사무장님이 찾아와 첫 마을 잔치에 대한 어르신들의 반응을 전해 주셨다.

"너무 좋아하셨지. 살면서 이런 대접을 받을 줄은 몰랐디야. 시집 온 후로 40년 동안 누가 해 준 밥을 먹어 본 게 처음이시란다."

그 말을 듣고, 우리가 음식을 준비하는 동안 가만히 앉아 계시지 못하던 할머니들 모습이 떠올랐다. 아무것도 하지 마시라고 말려도 주방에서 행주를 가져와 상을 닦고, 젓가락을 놓던 할머니들. 남에게 처음 받는 밥상이 얼마나 낯설고 또 반가웠을지, 괜히 콧등이 시큰해졌다. 처음 마을에 들어올 때만 해도 어르신들이 청년들을 어떻게 볼지 걱정되고 긴장도 했다. 하지만 기우에 불과했다. 마을에 젊은 사람들이 있는 것만으로도 활기가 돈다며 우리를 반겨 주시는 모습에 마음이 든든해졌다.

이듬해에는 '두모 영상제'를 기획했다. 할머니들과 대화하다가 옛날에는 마을에 찾아오는 천막극장이 있었다는 이야기를 듣고 학교 마당에서 영화 상영을 해 보기로 했다. 두모마을은 남해에서도 차로 꽤 들어와야 하는 구석에 위치해 있어 어르신들은 이동이 어려운 편이다. 그러다 보니 문화생활을 즐기기도 어렵다. 상영작으로는 <사랑방 손님과 어머니>를 골랐다. 다행히 영화 선정이 할머니들의 취향을 저격했는지, 내내 웃음소리가 끊이지 않았다. 함께 영화를 보고, 당산나무 아래 의자를 두고 학교에 놀러 오신 마을

어르신들의 사진도 찍어 드렸다. 소녀 같은 웃음을 짓는
할머니들의 사진을 인화해서 드렸더니 무척 좋아하셨다.

어르신들의 사진을 찍은 배경의 당산나무는
220년 된 두모마을 명물이다. 두모마을에서는 1년에
한 번, 당산제를 지낸다. 당산제는 마을의 가장 큰 어른인
당산나무 할아버지에게 마을의 풍요와 안녕을 기원하는
마을의 제사다. 당산제를 주관하는 이장님은 당산제 일주일
전부터 몸을 정결히 하고 조심하기 위해 집에 외부인을
들이지 않는다고 하셨다. 원래는 한 달 동안 손님이 드나들지
못했는데 이젠 일주일로 바뀌었단다. 당일 저녁에는
당산나무 아래 제사상을 한가득 차리는데, 이곳이 바닷가
마을이라는 것을 느낄 수 있을 정도로 엄청난 크기의
생선들이 다양하게 올라간다. 당산제에 올리는 생선은 마을
분들이 뱃일을 하면서 큰 물고기를 잡았을 때 따로 챙겨
주시는 것이라고 했다.

밝게 뜬 보름달 아래, 당산나무 할아버지께 인사를
드린 후 바다를 향해서도 제사를 지내고, 그 자리에 제삿밥을
땅속에 묻어 밥무덤을 만든다. 바다의 신들에게 인사를
드리는 것이라나. 그다음에는 축문을 태우고, 마을회관에
주민이 다 같이 모여 음복을 한다. 우리는 음복하는 줄
모르고 저녁을 챙겨먹고 갔다가 제삿밥까지 먹느라 배가
터질 뻔했다. 남해는 여전히 모든 마을에서 당산제를 지낸다.
당산제가 있는 시기에 남해를 돌아다니다 보면 마을 입구에
있는 당산나무마다 금줄이 둘러져 있는 걸 볼 수 있다.
아무것도 모르고 참여했지만 마을의 주요 행사인 당산제에
참여한 이후에는 왠지 정말 마을의 일원이 된 것 같았다. 함께
밥을 먹고, 조촐하게나마 마을 잔치를 열고, 함께 영화를 보며
우리는 천천히 마을에 스며들 수 있었다.

**촌민 인터뷰**

## 함께 만들어 나가는 마을 추억

두모 영상제 준비가 한창이다. 학교 전체를 깨끗이 청소했다. 어르신들이 좋아하겠지 상상하며 팥빵, 양갱, 모나코, 땅콩 캐러멜 등이 들어있는 웰컴 세트를 예진, 진영과 공장 시스템으로 돌려 준비했다. 어르신들이 이건 못 드셔 보셨겠지, 맛있고 새롭게 느끼셨음 좋겠다 생각하며 라임 아이스티를 만들었다. 당일이 되니 상상이 진짜가 된 것 같았다. 오신 분들 모두 환한 미소로 우리가 준비한 것들을 즐겨 주셨다. 영화가 상영되는 동안의 어르신들 웃음소리를 잊을 수가 없다. <사랑방 손님과 어머니>는 내가 생각했던 것보다 재밌고 찰지고 위트 있는 영화였는데, 어르신들의 추임새에 영화가 한껏 더 재밌게 느껴졌다. 어르신들이 깔깔 웃으시는 부분이 내게도 더 재밌게 기억된다. 영화가 끝나고

몇 분의 마을 주민들이 인터뷰에
응해 주셨는데, 그중 마을
어르신들이 이렇게나 좋아해
주실 줄 몰랐다며 너무 고맙다고
말씀하시는 사무장님의 말씀에
뿌하고 눈물이 올라왔다. 나는
다 같이 살아간다는 활동이 주는
느낌과 감정의 폭을 한 뼘 더
넓혔다. 두모영상제를 준비했던
과정과 결과가 뿌듯했다.

**시즌2 촌민 진아**

드시고 가실까 봐 걱정이었는데
추운 날씨에도 난롯가에
옹기종기 앉아 끝까지 영화를
보시는 장면에 웃음이 나오고
기분이 좋아졌다. 형식적으로
마련한 자리가 아니라 마음을
나누는 시간이었음을 느꼈다.
도시에서는 겪을 수 없는,
마을에서만 볼 수 있는, 나에게는
아주 낯설고 새로운 경험이었고
따뜻하다는 생각을 많이 했다.

**시즌2 촌민 수민**

나는 어른들을 대하는 걸
어려워해서 간단한 일인데도
긴장하고 있었다. 그래서
초반에는 행사가 피곤하다는
생각이었다. 하지만 행사 내내
어르신들의 반응을 보면서
뿌듯한 마음이 커지고 따뜻함을
많이 느꼈다. '준비하느라
수고했다', '도시락도 맛있다'는
작은 반응들이 큰 힘이 되었고,
영화를 보며 즐거워하시는
모습에 나도 기뻐졌다. 행사
이전에는 어르신들이 저녁만

# 남해 청년 모두모두 모여라!

남해에는 청년이 많지 않다. 전국 지방소멸 위험지수에서 대표 고위험군으로 분류될 정도로 청년 인구 부족은 물론이고 전체 인구 감소가 심각하다. 행정안전부가 집계한 2021년 기준 남해군 인구는 4만 2천여 명으로, 총 22791세대가 살고 있다고 한다. 그중 청년 인구(18세 이상 34세 미만)는 4천 7백여 명으로 남해 전체 인구의 11.3%에 불과하다. 중장년층(40세 이상 64세 이하)이 1만 6천여 명으로 38.2%, 그리고 65세 이상 노인 인구가 이보다 약간 많은 38.8%를 차지한다. 남해군의 평균 연령은 55.7세인데, 80세 이상 인구가 5천 8백여 명으로 청년 인구보다 더 많다. 30대 청년보다 80대 어르신들이 더 많은 곳이 바로 남해다.

그런데… 남해에 4천 7백여 명이나 되는 청년이 있다고? 대체 어디에?

남해에서도 촌구석에 위치한 우리는 청년들을 만나려면 찾아 나서야 했다. 남해군은 의외로 넓다. 전체 면적은 서울의 절반이 넘는 357.55km²로, 1읍 9면으로 이루어져 있다. 그런데 인구는 서울의 200분의 1도 되지 않는다. 그 구석구석 널리 퍼져 있는 남해의 청년들은 어디서 무얼 하며 살까? 우리처럼 남해를 거점으로 활동하거나 살아가는 청년들을 한자리에 모아 볼까? 서로 만나 청년 네트워크가 형성된다면, 더 많은 재밌는 일이나 사업을 벌일 수도 있지 않을까?

남해에서 문화기획을 하고 있는 돌창고 청년들과 이런 이야기를 나누다가 남해 청년들이 모여서 같이 운동회를 하며 친목을 다지는 자리를 마련해 보자는 아이디어가 나왔다. 그렇게 2019년 가을, 처음으로 남해 아육대가 열렸다. 아육대는 모 예능프로그램을 패러디한 것으로 '남해 아이들 육상대회'의 준말이다. 체육대회이니 장소는 학교! 양아분교 운동장이었다.

비가 온다는 소식에 전날까지 아육대를 열 수 있을지 마을 졸이고 아무도 안 오면 어쩌나 걱정도 했지만, 당일 40명에 가까운 청년이 모였다. 신기하게도 모인 청년들 면면 또한 다양했다. 남해 토박이도 있었고, 팜프라 촌민들처럼 잠시 남해에 살고 있는 사람, 이주민, 남해와 도시를 오가는 청년도 있었다. 사업하는 청년, 카페를 하는 청년, 백수 청년, 활동가 청년, 그림 그리는 청년, 코인 노래방 청년, 공무원 청년, 연구하는 청년 등 다양한 분야의 남해 청년들이 한자리에 모여 대낮부터 수육과 막걸리로 인사를 한 후, 추억의 국민체조를 시작으로 줄다리기, 제기차기, 꼬리잡기, 이어달리기와 같은 체육대회 단골 종목이 이어졌다. 또 각 팀의 성격을 살린 천하제일 못질 대회, 눈대중으로 나무 자르기 게임, 사다리 림보와 1초 음악 퀴즈 같은 레크리에이션 프로그램까지. 다들 학교 졸업 후 오랜만에 경험하는 체육대회이기 때문인지 신이 나서 작은 일에도 박장대소했다. 구경하러 온 어르신들이 나중에 이야기해 주시기를, 뭐가 그렇게 재미있는지 웃음소리가 끊이질 않아 신기하고 보기 좋았다고 하셨다.

이후 남해 아육대로 친해진 청년들은 함께 프로젝트를 진행하거나 사업적으로 협력하기도 하고 서로 가게를 방문하며 인사를 나누거나 소식을 묻게 되었다. 이듬해 가을에는 남해에서 활동하는 청년들과 함께 경남도립미술관에서 전시를 할 수 있는 기회가 생겼다. 경남도립미술관에서 경남 지역 곳곳에서 활동하는 팀들을

선정해서 소개하는 '살어리 살어리랏다: 별유천지'라는
기획 전시를 준비하는데, 팜프라와 돌창고가 함께 초대를
받은 것이다. 팜프라는 촌 인프라를 만들고, 돌창고는
문화 인프라를 만드는 활동을 주로 하고 있으니 우리와
함께 남해에서 활동하는 청년, 팀들과 함께 하는 전시를
선보인다면 재미있을 것 같았다.

전시가 결정되고 남해에서 활동하는 팀들이
일주일에 한 번 퇴근 후 모여, 각자 활동을 소개하고 전시
기획을 하기 시작했다.

사실 꼭 무슨 일을 도모하지 않더라도, 청년이 귀한
남해에서 함께 살아가는 또래 청년이 있다는 것만으로도
마음이 든든하다. 눈에 보이든 보이지 않든 서로의
존재만으로 의지가 되고, 지역에서 함께 살아가고 있음을
느낀다. 그러나 도립미술관 전시는 그런 내적 친근감을
뛰어넘어 각자 갖고 있는 생각이나 고민, 가치관을 나누고
서로의 프로젝트나 사업들을 들여다볼 수 있는 시간이었기에
더욱 흥미롭고 재밌었다. 사실 이런 기회가 아니었다면,
실제로 같은 지역에서 살아가면서도 서로의 활동을 알기
어려웠을 것이다. 그래서 함께 하지 못한 팀들의 이야기가
더 궁금해졌다. 기회가 된다면 지역에서 살아가는 토박이,
이주민, 도시와 지역을 오가는 다양한 청년들의 이야기를
더 들여다보고 싶어졌다. 더 많은 청년이 남해에 찾아와
이 즐거움과 든든함을 함께 누릴 수 있으면 좋겠다.

# 시골에서는 사람이 열쇠다

다 지은 코부기를 옮기기 위해 지게차를 섭외하던 중이었다. 나는 언제나 그렇듯 당연하게 인터넷에 '화물차', '지게차'를 검색했고, 검색창에서 찾은 업체들에 전화를 했다. 하지만 그 어느 곳도 남해까지 선뜻 오겠다고 하지 않았다. 온다고 해도 지나치게 높은 비용을 불렀다. 그런데, "지게차를 못 구하고 있어요"라는 내 말이 끝나기가 무섭게 용접신이 어디론가 전화를 걸었다. 그 전화 한 통에 지게차와 5톤 트럭 섭외가 다 끝났다. 역시 현지 문제는 현지 어른에게 답이 있다. 우리끼리 고민했으면 몇 날 며칠 답도 없었을 일을 전화 몇 통 돌리시더니 일사천리로 해결해 버렸다.

매번 지황이 "지역은 축구팀이야"라고 말할 때마다 '무슨 뜬구름 잡는 소리인가' 시답잖게 넘겼는데 그럴 게 아니었다. 일 하나에도 여러 사람의 도움이 필요했고, 이웃의 손을 더하면 어려운 일도 수월하게 해결됐다.

촌에서는 사람이 열쇠다. 사람이 모든 것을 다 쥐고 있기 때문이다. 군청에 물어도 '마을 이장님께 물어라'라고 답하는 경우가 허다했다. 사람과 사람의 집합이 곧 촌의 시스템이었다. 촌에 와서는 촌의 룰에 따르고, 촌의 일은 촌 사람에게, 마을 일은 이장님께 묻는 것이 문제를 해결하는 가장 빠른 길이다.

사람이 열쇠이기 때문에 무엇이든 친분만 있으면 된다거나, 질서가 존재하지 않을 거라고 생각하면 오산이다. '무질서 안의 질서'라고나 할까. 암묵적인 룰이 명백히 존재한다. 여름 장마 전에는 잡초를 뽑고 가을 낙엽 질 때는

집 앞을 쓸어야 하는 것처럼, 누구도 정해 놓지 않았지만
당연한 그것들을 자세히 들여다보면, 공동체의 일원으로서
마을 사람들을 배려하고 도우며 서로 좋은 관계를 이어
나가는 데 그 기준이 있음을 알 수 있다.

촌에서 사람과의 관계가 중요하다는 것을
깨달을수록 "우리가 예뻐하는 애들이야"라는 이장님과
사무국장님의 한마디가 우리를 바라보는 사람들의 시선에
얼마나 큰 영향을 주었는지 뒤늦게 깨달을 수 있었다.
인간은 누구나 혼자 살 수는 없다지만, 시골에서는 더더욱
이 말의 무게를 실감한다. 마을은 사람으로 굴러간다. 마을
네트워크는 외부인이 마을에 들어갈 때 장벽처럼 느껴지기도
하지만, 동시에 마을에 정착하는 것을 도와주는 끈끈한 풀이
되어 주었다. 지황은 종종 "마을 어른들은 아닌 것 같아도 다
보고 계셔"라는 말도 했다. 마을에 살면서 얼마 지나지 않아
그 뜻을 알게 되었다.

나는 고민이 많을 때면 종종 밤에 마을을 빙빙 돌며
산책을 하곤 했다. 마을 어르신들은 대개 저녁 8시에는
주무시기 때문에 6시가 넘으면 대부분의 마을 집들은 불이
꺼져 있다. 가로등 불빛과 밤하늘의 별만 떠 있는 고요한
밤에는 마을에 나 혼자만 있는 듯한 느낌이었다. 하지만 그건
착각이었다. 다음 날이면 어김없이 사무장님이 "애진인 어제
밤에 빙빙 걸어 다니드만 무슨 고민이 많아?" 하고 먼저 물어
오셨다. 누군가가 나를 지켜보고 있다는 것이 갑갑할 때도
있었지만, 내가 구태여 말하지 않아도 나의 상태를 살피는
이들이 있어 따스함을 경험하기도 했다.

도시는 워낙 많은 변화가 동시다발적으로 일어나기
때문에 개인이 제아무리 튀는 행동을 하더라도 잘 눈에 띄지
않는다. 반면 시골은 애초에 사람 수가 적고 항상 얼굴을
맞대고 살기 때문에 개인의 사사로운 변화도 잘 드러난다.

그리고 소문은 또 어찌나 빠른지 내가 잠시 서울에 다녀오는
일이 생기면, 말하지 않아도 이미 온 마을이 다 알고 있다.
하긴 생각해 보면 누가 결혼한다는 소식도 신문에 실리는
곳이 바로 남해 아니던가.

처음에는 이 모든 것이 낯설고 적응하기 어려웠다.
다행히 양아분교는 마을 외곽에 있기 때문에 마을과
최소한의 거리는 확보할 수 있었다. 또한 우리는 개인이 아닌
단체로 마을에 들어왔기 때문에 무리 안으로 숨을 수 있는
여지가 있었다. 개개인의 이름 대신 '학교 애들'로 불리는
익명성을 얻을 수 있었던 것이다. 학교라는 작은 공간에서
공동으로 거주하는 일은 많은 불편과 어려움이 따랐지만,
한편으로 우리가 천천히 마을에 적응하면서 들어갈 수
있도록 도와주는 울타리가 된 셈이다.

때론 도시의 익명성이 너무나 그립기도 했다. 여러
청년이 공간을 공유하면서 발생하는 피로감 때문에 더욱
그랬던 것 같다. 기간을 한정하고 입주하는 촌민들에 비해
시즌이 끝나고도 팜프라촌에 머무르는 나와 멤버들은 더욱
피로도가 높았다. 만약 우리가 각각 촌에 이주해 각자의
집에서 출퇴근을 했다면 더 낫지 않았을까? 우리는 익명성과
네트워크 사이에서 갈팡질팡하며 서로의 개인 공간과 시간을
존중하고 적당한 거리를 두는 방법을 배워 나갔다. 그렇게
촌에서 함께 살아가는 것이 조금은 익숙해졌나 싶었던 어느
순간부터 마을에 낯선 사람, 낯선 차가 지나가면 고개를 들고
힐끔거리고 있는 나를 발견했다.

## 기쁨도 슬픔도 모두
## 사람에게서 온다

두모마을에는 100명 남짓의 적은 인구가 살고 있기 때문에 나의 말과 행동이 주변에 쉽게 영향을 준다. 여기에는 장단점이 있다. 시골은 인구가 적은 만큼 관계에 아주 민감하다. 간혹 내가 아는 두 사람의 관계가 틀어질 경우 사이에서 아주 난처하다. 도시에서는 주로 내 또래 청년들과 소통했지만, 이곳에서는 나와 비슷한 세대뿐만 아니라 20대에서 90대까지 다양한 세대를 만나고 소통할 기회가 있다. 그러다 보니 이전에는 생각해 보지 못한 세대 간의 생각, 차이와 역할을 경험하고 이해하게 된다.

예전엔 20~30대가 가장 에너지 넘치고 좋은 나이라고 생각했는데 요즘에는 그 생각이 바뀌었다. 이곳에서 만난 어르신들은 작게 소작을 하며 사신다. 자기가 먹을 것을 스스로 기르고 남으면 조금 팔면서 살아간다. 에너지가 넘치진 않지만 매사에 차분하고 여유로워 보인다. 이 세대 어르신들은 가만히 우리를 관찰하고 있다가 필요할 때 삶의 지혜를 넌지시 던져 주고 가시는 경우가 많다. 언젠가부터 별다른 대화가 없이도 오가는 길에 인사를 나누면서 마음을 많이 기대고 있다.

이렇게 다양한 세대를 만나고 그들이 가지고 있는 생애주기별 생각들을 듣다 보면 다른 세대에 대한 또는 인간에 대한 분노나 혐오가 사라지는 것을 느낄 때가 있다. 사람이 많은 곳에 살아갈 때는 미처 몰랐는데 오히려 도시에서 내 인간관계가 좋았던 것은 아니었을까 하는 생각이 든다. 예전엔 훨씬 더 쉽게 분노했고, 타인을 이해하기 어려웠으며, 몰이해가 쉽게 혐오감으로 이어지기도 했다. 촌에서 다양한 세대와 부대끼며 살아가면서, 내가 전보다 더 사람을 이해하고 배려하는 사람이 된 것 같았다.

시골에서는 다들 얼굴을 익히고 살기 때문에 피해만 주지 않는다면 어떤 행동을 해도 된다. 뚝딱거리며 뭔가 만들어도 되고 신나면 춤을 춰도 된다. 몸 쓰는 일을 하고 싶으면 이웃의 일을 조금 거들어 드리고 찬거리나 식재료를 얻어 오기도 한다. 어떤 때에는 도시보다 훨씬 시골이 자유로운 공간으로 느껴지기도 한다.

한편으로는 이전엔 자주 경험하지 않았던 이별을 많이 겪기도 한다. 마을에 산 지 3년이 넘었는데 매년 어르신 5분 정도가 돌아가신다. 얼굴을 익히고 인사도 하고 마음도 나누고 했던 분들이 하나둘 돌아가시다 보니 마음이 아프고 적적할 때가 많다. 특히 우리를 엄청 아껴 주시던 박민갑 할아버지가 돌아가셨던 날은 잊을 수가 없다. 박민갑 할아버지는 우릴 볼 때마다 "마을에 와 줘서 고맙다", "매일 웃으면서 행복하게 지내라"고 말씀하셨다. 어느 날 밤 9시쯤, 내게 전화를 하셨는데 "마을에 축제를 열어 주고 식사를 준비해 줘서 고맙다"라고 말씀하셨다. 그리고 다음날 돌아가셨는데 어르신을 떠올릴 때마다 슬픔과 그리움, 따뜻함과 같은 여러 감정이 동시에 들곤 한다.

죽음이라는 이별도 있지만 함께 일하던 친구들이 떠나거나 마을에 살아 보려고 왔던 친구들이 떠날 때면 어김없이 아쉽고 슬프다. 마을에서는 20대 이하의 청소년이나 어린아이는 없고 새 생명이 태어나는 것을 보기도 어렵다. 누군가 아이를 낳으면 온 동네가 다 함께 키우며 보살펴 줄 것 같은데, 인구 절벽의 현실이 아쉽기도 하고 언젠가 그런 사랑을 느껴 보고도 싶다.

마을에서의 관계만이 아니라, 인구가 4만 명이

조금 넘는 남해에 살다 보면 나의 일과 삶, 의견이 지역에
꽤 큰 영향을 미친다고 느낄 때가 있다. 남해 청년 조례와
관련 정책을 설계할 때가 그랬다. 그때 설계한 정책이 남해
청년들을 위한 다양한 공모, 지원 사업이 되어 시행될 때 덜컥
두렵기도 하고 동시에 희열을 느꼈다. 인구가 많은 곳에서는
내가 살아 있는지조차 느낄 수 없는 모래 알갱이 같았다면
남해에서는 저울의 균형을 맞추는 역할을 하는 것 같다.
마을에 더욱 큰 영향을 줄 때가 있는데, 1년에 몇 번 열리는
마을 회의에 참석해서 꺼낸 내 의견이 실제로 반영될 때,
우리가 기획한 프로그램이나 행사가 사람들에게 행복을
줄 때가 그렇다. 어릴 때부터 누군가가 재밌게 놀 수 있는
놀이터를 만들고 사회 시스템을 만드는 게 꿈이었는데,
이럴 때면 내가 원하는 일을 하고 있지 않은가 하는 생각이
든다. 더 도움이 되고 싶어 어떤 일을 해야 할까 고민하고 더
부족한 부분을 공부하기도 한다.

　　　촌에서의 힘겨움도, 즐거움도 결국 다 사람에게서
온다. 그런데 그건 다른 도시에서도 마찬가지인 것 같다. 결국
인간은 관계를 통해 자기 존재를 확인받는 게 아닐까. 다만
내가 그것을 깨달을 수 있었던 것은 여기, 두모마을에 왔기
때문이었다.

## 촌민 인터뷰

## 촌에 살아 보니 어땠나요?

팜프라촌에서는 촌민들끼리 나이, 학벌, 경력과 같은 백그라운드에 대해 별로 신경 쓰지 않는 분위기에서 지냈죠. 그냥 사람 대 사람으로서 대할 수 있었던 게 정말 좋았어요. 사람을 평가하는 저의 잣대와 기준들이 이곳에 와서는 전혀 쓸모가 없었어요. **시즌1 촌민 재욱**

가장 기억에 남는 것을 말하자면, 촌민들과 함께 별을 보았던 밤이에요. 다 같이 코부기 옆 시멘트 바닥에 돗자리를 깔고 이야기를 나누며 밤하늘을 보았어요. 별이 그다지 많지는 않았지만, 그냥 그렇게 있었던 자연스러운 시간이 좋았어요. 확실히 사람들과 정이 들었어요. **시즌1 촌민 민경**

10명이 넘는 촌민들과 같이 밥을
먹었던 것. 문만 열면 펼쳐지는
푸릇푸릇한 자연의 색깔들.
서울에서는 수영장에 가려면 미리
준비해야 할 것이 너무 많은데
이곳에서는 '수영 갈래?' 하면
금방 바다에 뛰어들어 첨벙대다
올 수 있는 것. 그런 소소한
장면이 전부 저에게 꾸준히
신선함을 줬어요. **시즌1 촌민 진아**

여기 오기 전까지는 저희 부부가
함께 하는 일상이 드물었어요.
내 시간에 대한 결정권을 가지고
싶어요. 그런 마음에도 인숲이
필요하니 노력해야죠. 앞으로도
그렇게 살고 싶으니까요. **시즌1
촌민 준민**

생각의 결이 비슷한 사람들과
있는 것이 좋다는 걸 많이
느껴요. 저는 항상 삶의 궤적이
다른 이와 비슷하지 않았어요.
타인에게 내 삶을 설명해
주어야 하는 것은 좀 지쳐요.
그런 결정을 내리기까지
저 나름으로는 엄청나게 많은
고민이 있었죠. 그런 제 선택들이
좀 특이하고 유별나다는
한마디로 정의되어 버리는 것

같아서 되게 외롭다는 생각을
많이 했어요. 그런데 이곳에 와서
생각의 결이 비슷한 사람들과
짧든 길든 계속 이야기를 나눌 수
있는 점이 너무너무 좋아요.
한 마을, 한 공간에 꼭 모여 살지
않더라도, 언제든지 선뜻 달려와
줄 수 있는 사람들과의 관계가
공동체이지 않을까 생각하게
되었죠. **시즌1 촌민 뚜또**

저는 혼자 있는 시간이 필요한
사람이라고 생각했는데,
혼자보단 다른 사람과 같이
있는 걸 더 좋아했어요.
처음엔 아무래도 몇 개월이나
공동생활을 해야 하니, 개인
시간이 보장되지 않는다면 좀
힘들 거라고 생각했거든요.
그런데 의외로 저는 개인의
시간을 필요로 하지 않는 거에요.
오히려 그런 시간이 싫어서
촌민들을 따라 여기저기 다니고,
같이 시간도 많이 보냈어요.
**시즌1 촌민 수연**

(지역에서 살아가려면) 일단 체력이 좋아야 할 거 같아요. 모든 일에 육체노동이 많이 필요하니까요. 건강해야 다른 사람과 지낼 때 짜증도 덜 내고 즐겁게 대할 수 있을 테니, 도시에 있을 때보다 더 건강 관리도 해야겠죠. 시골에서는 제가 지금보다 열 살을 더 먹어도 아직 '아기'잖아요? 60살까지는 지역 어디서든 제일 막내일 거에요. 귀촌하면 뭐든지 배워야 하는 입장이고, 인간관계를 위해서라도 자기 관리로서 체력을 키워야겠다 싶어요. 그리고 자동차가 꼭 있어야 할 거 같아요. 자동차 없이 이곳에 입주해 보니 너무 불편한 거에요. 특별히 가야 할 곳이 많은 건 아닌데, 심리적으로 그래요. 내 마음대로 어디 가지 못한다는 생각이 저를 답답하게 하더라고요.

**시즌1 촌민 찬형**

관계에서 나누는 대화가 즐겁고
편하기도 했고요. 무모마을에서
살게 된 것은 제게 큰 행운
아닐까요? 한 마을이라는 것이
느껴지거든요. 시골 마을은
익명성이 없으니 불편할 거라고
더러 걱정도 많이 하는데,
공동체가 살아 있는 마을이라서
저는 더 좋다는 생각이에요.
그 덕분에 우리가 쉽게 환대받는
존재로 여기서 살 수 있는 것도
같고요. **시즌1 촌민 진영**

마을 할아버지 할머니들과
격 없이 대화하는 게 좋았어요.
서울에서는 할아버지 할머니
세대와 이야기할 일이
드물잖아요. 주로 또래들과
대화를 하고, 대화의 주제도 일에
관련된 것, 취업, 결혼 이러한
것들이죠. 그런데 여기서는
할아버지, 할머니께 인사만
해도 좋아하시더라고요. 어쩐지
환영받고 환대받는 존재가 된
기분이 들었어요. 이러한

# Chapter 4

(이제 그만 여기서 나가 주세요?)

# 갈 곳 잃은 청년들

2020년 3월, 몇몇 사람이 부산스럽게 찾아왔다. '영업행위', '시정명령' 같은 낯설지만 보통 문제는 아닌 듯한 단어들이 나오더니 끝내 "학교에서 다 나가야 한다"라는 청천벽력 같은 소리가 나왔다.

교육청 소유의 공공건물인 양아분교에서 영리행위를 했다는 민원이 들어온 것이 시작이었다. 당시 우리는 시금치를 판매하거나, 마을 체험관에 숙박을 연계해 주고 있었다. 그리고 가끔 팜프라촌에 손님이나 친구가 오면 지내고 있던 학교 방갈로를 공과금과 식비 등 최소한의 비용을 받고 제공하고 있었다. 마을에 숙박을 연계하거나 시금치를 판매하는 것은 마을 체험관에서 사업자를 내고 운영하고 있었기 때문에 문제가 없었고, 방갈로를 활용한 웰컴하우스의 경우 당시 양아분교는 상주중학교에서 임대하고 있었으나 공과금은 팜프라가 지출하고 있었으므로 우리를 찾아온 방문객에게 공과금을 받는 것이 수익을 남기는 상업 행위라고 보기 힘들었다. 그러나 이런 사실을 세세하게 모르는 누군가는 우리가 공공건물에서 영업을 한다며 문제를 제기한 것이다.

다행히 마을 사무장님의 노력으로 문제를 제기했던 당사자와 대화를 통해 오해를 풀고 해결을 했다. 문제는 그다음이었다. 민원이 제기된 후 학교 공간 사용에 대한 논의가 행정과 마을, 팜프라 사이를 오갔다. 교육청 소유의 땅인 양아분교에서는 영리사업이 아닌 비영리 교육 프로그램일지라도 청소년이 아닌 청년을 대상으로 하는 사업은 불가하다는 통지가 날아온 것이다. 지역과 마을에 필요한 사회적 일을 하고는 있지만 행정상의 사용 목적과 다르기 때문에 문제가 된다고 했다. 두 달 가까운 기간 동안 이런저런 논의가 오가다 결국 공간을 비워 달라는 통보를 받았다. 또 양아분교를 사무 목적으로는 사용할 수 있어도 주거 목적으로는 이용할 수 없다는 조건도 따라붙었다.

양아분교에 살던 우리는 당장 이사를 해야 하는 처지가 되었다. 하지만 대체 어디에? 두모마을에는 빈집이 없었다. 아니 빈집이 있어도 임대하는 게 쉽지 않았다. 집을 구할 수 있었다면 불편한 학교 생활에 지쳐 있던 멤버들이 벌써 구했을 것이다. 두모마을을 떠나 다시 또 다른 곳으로 짐 싸 들고 유목민처럼 이주를 해야 할까? 불안감과 회의감에 휩싸였다. 남해군을 비롯한 여러 지자체에서는 우리를 '대안'으로 치켜세우며 자문을 구하러 오곤 했다. 그러나 결국 우리는 고작 한 건의 민원으로도 이토록 쉽사리 무너질 수 있는 대안이 아닌가. 이런 상황에 답답함과 허탈감이 밀려왔다.

# 공간을 잃었지만
# 사람을 얻었다

갑작스러운 민원으로 인해 이장님, 사무장님, 마을
어르신들과 모여서 (조금 웃기지만) 전어 파티를 하면서 긴급
대책회의를 했다. 우리의 상황을 지켜본 강미라 사무장님이
말씀하셨다.

"내 같으면 지금 이렇게 되블면 떠나겠다. 우리가
잡고 있으니까 못 떠나는 거지."

신기하게 그 순간 위로를 받은 듯해 웃음이 났다.
우리를 이해해 주는 사람이 있다는 것에 마음이 놓였다.
상주중학교 여태전 교장선생님 역시 말씀하셨다.

"사고 많이 쳐라. 우리가 다 커버 쳐 줄게."

이곳에는 우리를 도와줄 어른들이 있었다. 앞에서
끌어 주고 지지해 주는 분들, 우리를 믿어 주는 분들. 결국은
사람이 우리가 두모마을을 섣부르게 떠날 수 없는 이유였다.
전어 회의 끝에 나온 당장의 대책은 마을의 펜션을 임대하는
것이었다. 남해군에서도 교육청 소유의 양아분교를 매입하는
방법을 알아보고 있었지만 행정 절차를 밟으려면 시간과
준비가 꽤 필요했다. 팜프라는 우선 남해군의 협조를 얻어
행정적으로 양아분교의 사용허가를 받고 그해 12월까지
유예기간을 얻었다. 그러나 양아분교를 주거용으로는
사용할 수 없었기 때문에 촌민들을 위한 체험 공간으로만
사용하고 팜프라 멤버들은 마을에서 운영하는 펜션을 임대해
살며 팜프라촌 시즌2를 진행했다.

돌이켜보면 민원의 등장은 팜프라뿐만 아니라
남해와 촌에 큰 시사점을 주었다고 생각한다. 지역에도

조금씩 새로운 사람들이 들어오고 있음을 기존 사람들에게
인식시키고 새로운 도전과 긴장감을 자아낸다는 점에서
애초에 팜프라가 목표했던 '교류'의 과정에서 마주해야 할
당연한 수순이었다. 힘도 들었지만, 이 과정에서 느낀 마을에
대한 고마움도 컸다. 우리가 떠나지 않고 팜프라촌 시즌2를
계속할 수 있었던 것도 마을 어른들의 존재가 결정적이었다.
많은 곳에서 쫓겨난 본 경험이 있는 지황은 마을 주민과의
관계를 가장 중요하게 생각했다. 우리를 배타적으로
생각하지 않을까? 마을 분들과 갈등이 있지 않을까?
두모마을에서 살면서 한 번도 소외되거나 갈등이 일어난
적이 없다. 오히려 우리가 민원에 시달릴 때나, 공간에 문제가
생겼을 때 가장 먼저 문제 해결을 위해 달려와 주신 분들도
두모마을 어른들이었다.

　　　팜프라촌 시즌2를 진행할 때는 마을 체험관을 임시
사무실로 사용했는데, 체험관 1층에는 사무장님의 사무실이
함께 있었다. 여러 가지로 불편하셨을 텐데 사무장님은
체험관 업무를 보면서도 청년들의 고충이나 고민들을
들어주시고, 팜프라의 일을 항상 마을의 일처럼 여기며
지지해 주셨다. 사무장님의 긍정적인 에너지와 현명한
조언을 들을 때마다 우리는 '정말 운이 좋다, 좋은 마을을
만났구나' 매번 생각했다.

　　　유예기간이 끝난 그해 12월의 마지막 주, 남아 있던
사무집기까지 모두 들고 또 한 번의 이사를 했다. 팜프라
멤버들이 2년 동안 팜프라촌을 진행하고, 먹고 자고 일하던
양아분교를 완전히 떠나는 날, "이제 이사 그만하고 싶다"는
멤버들의 한숨 섞인 목소리가 여기저기 터져 나왔다.
우리에게 이사는 익숙하면서도 더 이상 하기 싫은 일이었다.
촌에서 살고, 일하고 싶어서 촌으로 왔지만 가끔 내가 여기서
뭐 하고 있는 거지? 하는 생각이 들었다. 언제 또 다시 옮겨야

할지 모르는 상황에 피로감이 쌓이고 기운이 빠졌다.

이사를 마치고 연말을 맞아 오랜만에 본가가 있는 수원에 올라가 친구들의 작업 공간과 집을 방문했다. 각자의 취향이 느껴지는 공간이 부러웠다. 이렇게 멋지게 꾸몄는데, 친구도 2년 뒤에는 이사를 해야 할지도 모른다고 했다. 도시 청년들도 나와 크게 다르지 않다는 게 기분이 묘했다. 며칠 뒤 다시 남해로 돌아와 몇 개월 뒤면 또 나가야 할 방을 정리하고 꾸미기 시작했다. 현재 있는 공간이 드라마틱하게 바뀌지는 않았지만 공간에 애정을 주면 조금은 일상이 따뜻해지지 않을까 다독이면서.

현재 양아분교는 남해군에서 매입해 '남해 서울농장'이 되었다. 남해 서울농장은 서울시와 남해군, 두모마을이 협력하여 도시민에게 농촌 체험을 제공하는 사업으로 팜프라는 기획 단계에 참여했고 지금은 마을 법인 기업인 '주식회사 두모'가 위탁 운영을 하고 있다.

## 촌민 인터뷰

## 팜프라촌이 우리에게 남긴 것

팜프라에 속해 있다는 것만으로 지역에서 여러 가지가 수월했어요. 인터뷰하러 다닐 때도 '저는 팜프라촌 촌민입니다' 한마디가 저의 명함이 되어 주었죠. 남들이 어렵게 들어갈 진입장벽도 쉽게 출입이 가능했어요. 덕분에 많은 사람을 만날 수 있었어요. 내가 그냥 여기 속해 있는 것으로 일이 쉽게 풀리고 얻어지는 것도 있었고요. 그런데 현실은 그렇지 않잖아요. (팜프라촌에서) 저는 중간의 위치에 있는 거죠. 로망은 현실적으로 보게 되었고, 현실은 또 한 발자국 멀리서 보게 된 거죠. **시즌1 촌민 뚜또**

팜프라촌은 제게 기회였다고 말할 수 있어요. 남해에서 일정 기간 머물 수 있게 임시거처를 마련해 주었잖아요. 그게 가장 중요하다고 생각하고, 그것만으로도 축복이라고 생각해요. 감사, 발판, 지지대 그러한 단어로 정의될 수 있죠. **시즌1 촌민 진영**

행복한 기억이 많았고 인생에
이런 순간들이, 이런 시간이
있었다는 것에 감사해요. 사람들과
함께할 때 관계에서 오는 행복감을
느꼈어요. 그리고 가족이 아닌
타인으로부터 나를 아껴 준다는
느낌을 받으며 예상치 못했던
행복도 느꼈고요. 코부기라는
집 짓기를 바라보고 팜프라촌에
왔지만, 그보다 더 많은 것을 얻어
가요.  **시즌1 촌민 재욱**

이곳에 오기 전에는 '언젠가
시골에 가서 살아야지'라는 막연한
생각을 했다면, 지금은 좀 더 일찍
시골 생활을 해도 되겠다는 생각이
들어요. 그리고 팜프라촌처럼
같이 살아갈 친구들이 주변에
있다면 좀 더 용기가 나서 빨리
내려올 수 있을 것 같아요. 인생에
좋은 사람들을 많이 얻었다는
것이 저에게 가장 의미가 있어요.
이런 사람들을 만날 수 있게
해 준 팜프라에게 고마워요.
이 사람들에게 받은 많은 것들로
저는 또 힘을 내서 살아가요.
**시즌1 촌민 수연**

팜프라촌은 제가 시골로 이주를 결심하는 데에 영향을 주었어요. 시골에서도 살아갈 수 있을 거라는 자신감을 확실하게 준 것이죠. 막연한 두려움에 시도하지 못했던 것을 마음먹을 수 있게 해 준 것에 의미가 있죠. 무작정 귀촌해서 살면 되게 막막하잖아요. 인덕지는 팜프라라는 완충지가 있어서 내려올 수 있었고, 이곳에서 기술도 배울 수 있어 다행이었죠. 팜프라와 연계해

저의 집짓기 작업도 계속할 수 있으면 더 좋겠고요. 내년에는 와이프와 함께 와서 우리가 살 집을 구해 볼 생각이에요. 와이프는 남해읍에서 직장을 구하고요. 꼭 시골이라고 낡음을 보여 주는 것이 아니라, 시골도 도시처럼 귀하고 멋스러운 곳이라는 걸 알리고 싶어요. 우리 부부가 사는 걸 보며 다른 사람들도 시골살이를 긍정적으로 생각할 수 있기를 바라죠.

**시즌1 촌민 찬형**

한마디로 표현하자면 '매우 특별한 경험의 집약체'이지 않을까 해요. 살면서 이러한 상황이 없잖아요. 귀촌한다는 것은 할 수 있는 일이겠지만, 귀촌을 하기 전에 나와 비슷한 또래들이 모여서, 매우 밀접한 형태의 공동생활을 한다는 것 자체가, 사실 경험하기 매우 어려운 일이잖아요. 굉장히 특별한 경험을, 굉장히 많이 한 것 같아요. **시즌1 촌민 준민**

시도해 보길 잘했던 것 같아요.
계획한 대로 흘러가진 않았지만
결과적으로는 촌에서 해 보고
싶은 게 생겼거든요. 팜프라촌은
실험을 할 무대이지 각본이
아니에요. 그걸 깨닫고는
내 힘으로 벌어 보는 일에
관해 진지하게 고민하기
시작했어요. 내가 이곳에서 벌어
먹고살려면 '스스로' 움직일 힘이
있어야겠다는 생각들요.

**시즌2 촌민 예진**

팜프라촌에서 보낸 시간은
저에게 촌에서의 삶이 어떤지
경험하게 해 주었어요. 이제
서른이니 사실 많이 어리죠.
커리어를 쌓아야 한다고 하면
미친 듯이 일할 수도 있어요.
그런데 지금 이곳에서 느낀
촌의 속도와 풍경이 좋아졌어요.
자연, 사람 그리고 마을이
공존하는 팜프라촌 같은 환경을
만나기는 쉽지 않으니 '나중에도
이렇게 살 수 있을까?' 하는
의문이 들기도 해요. 팜프라가
촌에서 살아갈 수 있는 기반을
만드는 중인데, 그런 기반이
없다면 이곳과 같은 삶이 쉽지
않겠다는 생각이 들어요.

**시즌2 촌민 진아**

"이제 그만 아껴서 내가 주세요"

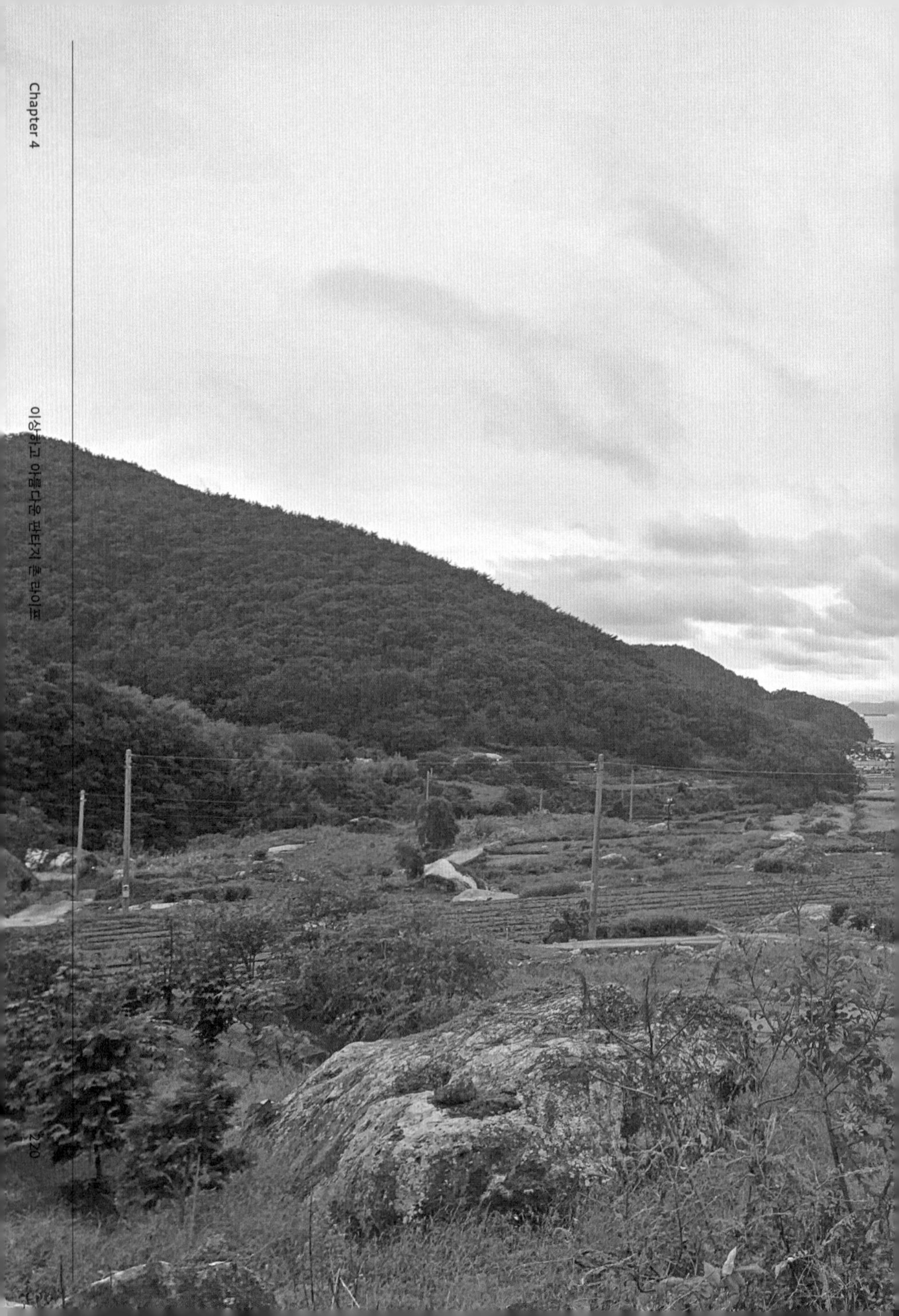

"이제 그만 여기서 나가 주세요"

# Outro

이상하고 아름다운 판타지 촌 라이프

또 다른 시작

# 우리는 실패했다

민원으로 양아분교에서 나오고, 양아분교가 '서울농장'이라는
도농 교류 플랫폼으로 바뀌는 과정을 겪으며 여러
생각이 들었다. 가장 먼저 든 생각은 팜프라의 공간적
미션은 실패했다는 것이었다. 우리는 슬럼화되어 가는
지역의 유휴공간을 활용해 거점공간으로 만들고 싶었다.
거점공간에서 커뮤니티를 만들고 수익을 창출해 가면서
청년들이 지역에 정착하고 자립할 수 있는 기반을 만들고
싶었다. 그래서 우리처럼 지역에, 자연과 가까운 곳에
살아가고 싶지만 자본이 부족한 청년들의 위한 인프라를
구축하고, 다른 지역에서도 따라 할 수 있는 모델을 만들고
싶었다. 많은 에너지를 쏟아 계획을 세우고 지자체를
설득하며 지역의 유휴 자원을 찾아 다녔는데 결국
양아분교를 떠나야 하는 결과에 아쉬움이 컸다.

　　남해군이 양아분교를 교육청에서 매입하려면
목적사업이 필요했다. 그래서 남해군은 서울시에서
귀촌을 지원하는 '서울농장'이라는 공공사업에 참여하기로
했다. 남해군에서는 양아분교가 서울농장으로 바뀐
뒤로도 팜프라가 계속 운영을 맡아 주었으면 좋겠다고
이야기했다. 하지만 우리의 생각은 달랐다. 민원과 행정
문제로 양아분교를 나오면서 외부의 상황에도 흔들리지
않을 우리만의 사업을 펼쳐 자립해야겠다고 마음을 굳혔다.
제대로 된 우리 땅, 우리 사업, 우리 수익을 통해 공간을
만들어 자립하지 않으면 계속해서 같은 상황이 반복될 것
같았기 때문이다. 서울농장으로 탈바꿈한 양아분교를

팜프라가 도맡을 때 작은 촌에서 특혜 논란이 있을 수도
있었다. 더는 복잡한 일에 휘말리고 싶지 않았다.

그러나 마을이 마음에 걸렸다. 양아분교는 오래되어
리모델링이 필요한 건물이기도 했고, 우리가 떠난 이후에
지역의 필요에 맞지 않는 공간으로 변질될까 우려도 됐다.
서울농장이 생기면 마을에 청년 일자리가 생길 수도 있다.
마을의 입장에서 생각하면 서울농장은 괜찮은 선택지였다.
문제는 우리가 돕지 않으면 서울농장을 운영할 주최 인력을
찾는 것도 쉽지 않은 남해의 인력난이었다. 결국 마을에서
이장님을 대표로 농업회사법인 '주식회사 두모'를 만들었다.
나는 이사로 등록해 공모 사업 참여부터 공간 설계와 기획,
디자인 등에 힘을 보태기로 했다. 다만 공사가 끝나고 나면
서울농장 운영은 맡고 싶지 않다고 말했다. 이 공간은 마을의
자산이자 다른 청년들의 일자리가 될 수 있으면 좋겠다고
했다.

2년 뒤, 양아분교는 리모델링을 마치고 서울농장으로
재탄생했다. 현재는 도시 사람들이 2박 3일씩 짧게 머무르며
귀촌 체험을 할 수 있는 공간으로 사랑받고 있다.

# 다시, 제로 베이스에서

양아분교를 나오며 이제 유목 생활을 그만하고 싶다는
생각이 간절했다. 경험도 쌓이고 몇 년이란 시간도 흘렀지만
손에 남은 것은 여전히 아무것도 없었다. 본격적으로 땅을
사고 우리 베이스캠프를 만들어야겠다고 작심했을 때,
두모마을 이장님께서 마을에 땅이 하나 나왔다고 살 생각이
있냐고 제안하셨다. 아니, 샀으면 좋겠다고 하셨다.

　　두모마을에 들어가고 1년을 살았을 때부터 이장님께
마을에 땅이나 집이 나오면 꼭 알려 달라고 부탁을 드렸었다.
그러나 기다려도 땅을 팔겠다는 사람은 잘 없었다. 마을의
땅은 오래 전부터 마을 분들의 생계를 책임진 삶의 터전인
만큼 내 입장에서 생각해 봐도 '쉽게 팔 수 있는 땅이
아니겠구나' 내심 포기하고 있었다. 이장님이 제안하신 땅도
마을에 계신 분이 아니라 외지에 나가 있는 분의 땅이었다.
우리가 떠나지도 머물지도 못하고 당장 코부기 없을 땅이
없어 전전긍긍 발을 구르고 있자 이장님이 백방으로 알아봐
주신 거였다. 땅을 사기로 마음먹었을 때 이장님이 내게 "땅은
다 주인이 있는 거다. 자기가 주인이 아니면 다른 사람한테
가게 되어 있다"라는 말씀을 하셨는데 마음에 꽤 와 닿았다.
부산에 계신 땅 주인과 몇 번의 협상을 거쳐 2020년 말,
드디어 우리에게도 땅이 생겼다. 물론 엄청난 대출금도 함께
따라왔다.

　　막상 우리 땅이 생겼지만, 이 땅에서 팜프라촌을
계속하는 게 맞을까 고민이 들었다. 그동안 함께 고생했던
정든 멤버들 중 일부는 팜프라를 떠나갔다. 남은 사람들

또한 생각을 정리할 시간이 필요했다. 우리는 다시 제로베이스에서, 모든 것을 처음으로 되돌려 생각해 보기로 했다.

　　팜프라촌을 계속 이어 가야 할까? 새로운 진짜 우리 공간에서, 새로운 일을 벌일 수도 있지 않을까? 더 이상 쫓겨날 걱정은 없다 해도 좀 더 평범한 일을 하며 돈을 벌고, 안정적으로 살아갈 수도 있지 않을까? 여러 생각과 고민이 오갔다. 팜프라가 두모마을을 떠나거나 촌에서 창업을 이어 가지 못한다면 우리와 같은 시도를 하고자 하는 친구들이 '저렇게까지 했는데도 안 되는 건가' 하며 실패의 경험으로 받아들일 것 같았다. 팜프라촌은 우리에게도 '이런 방식으로도 살아갈 수 있다'는 대안이자 가능성이었고 다양한 삶의 방식을 원하는 청년들의 열망이었다. 그 기대와 희망을 저버리고 싶지 않았다. 남은 멤버들도 두모마을에서 계속 팜프라촌을 지속해 보고 싶다는 뜻을 밝혔다. 손에 쥔 것이 아무것도 없다 해도 우리에겐 여전히 젊음이 있고 경험이 있었다. 다양한 청년 이슈와 실질적인 정책으로 이어지는 성과를 만들어 낸 이슈 메이커이기도 했다. 무엇보다 그동안 마을에서 쌓은 네트워크가 있었다. 그 무형의 자산을 바탕으로 이제 진짜 우리의 판타지촌을 만들 수 있을 것 같았다. 우리는 이 길을 계속 걸어 나가기로 했다.

　　2021년 11월, 진짜 우리 땅에서 팜프라촌의 첫 삽을 폈다.

# 우리는 어디로 나아갈 것인가

새로운 팜프라촌을 만드는 동시에 기존 멤버들과 함께
그동안 팜프라가 해 왔던 역할과 한계를 정리했다. 그리고,
우리를 지켜보고 도움을 준 어른들, 친구들을 초대해 앞으로
팜프라가 어떤 일을 해 나가면 좋을지 의논했다. 다들
객관적으로 우리의 과정을 바라봐 주었고 조금은 따끔하지만
따뜻한 조언과 피드백을 해 줬다. 이어지는 인터뷰는 2020년
12월 2회에 걸쳐 진행된 좌담회에 나온 대담을 린지와 진영이
정리한 것으로 매거진 <라운드테이블>에서 발췌했다.

# 1  팜프라촌, 3년의 여정

**팜프라촌은 청년, 지역, 사회에 무엇을 남겼다고
생각하나요?**

**진영**　새로운 사례요. 새로운 사례를 시도하고 사람들을
초대했단 것만으로도 큰 걸음을 내디뎠던 것 같아요.

**준민**　청년들에게 기회를 제공했죠. 그 기회가 주어졌기
때문에 저 역시 남해에서 계속 살 수 있었고요. 지역 행정은
인구가 늘어나고 청년이 유입되는 것에 주안점을 둘 테니
청년들이 이곳에서 주체적으로 실험하는 것보다 수치상으로
늘어난 청년 인구가 더 중요한 기준일 거예요. 다만 남해에서
이러한 실험 기회가 더 많아져야 행정이 원하는 목표도
달성할 수 있겠죠. 장기적으로 바라보면 팜프라촌의 존재가
남해에는 분명히 득이라고 생각해요. 균형 발전이라는
목표 달성에도 도움이 될 테고요. 좁은 서울과 수도권에
모여서 몸 하나 누이는 작은 공간을 월 40만 원에
임대하며 살아가는 게 좋은 삶이라고는 누구도 생각하지
않을 테니까요. 팜프라촌은 민간 차원에서 진행하기엔
공공의 성격이 몹시 강해서 지금과 같은 방식으로는 계속
진행하기가 쉽지 않을 것 같아요. 들어가는 인력은 큰데
거기에 대한 인건비를 창출하지 못하는 방식이라면 누가
계속할까요? 정부 지원이 더 커져야 하는 영역이기도 해요.

**린지**　청년들은 판타지 뒷면에 있는 현실을 마주했어요.
주거 공간, 일자리, 기회, 문화의 부재. 지역 차원에서는
청년들에 대한 경험과 다양한 청년상의 변화가 늘어났다고
생각해요. 사회에는 촌에서도 이런 방식으로 살아갈 수
있다는 새로운 선택지를 제시했고요.

**애진**　한마디로 이슈 메이커였죠. 남해와 경남에 나름

청년 이슈를 불러일으켰으니까요. 청년혁신과가 생기고, 남해가 청년친화도시에 선정되었죠. 사회적으로는 촌에서의 삶이라는 새로운 옵션을 제공하고, 그 과정과 결과를 직접 보여 준 사례가 되었던 것 같아요.

**팜프라촌이 미처 도달하지 못한 지점이나 한계가 있었다면 무엇일까요?**

**진영**     사람들은 팜프라촌이 성공적인 공동체 모델이라고 해요. 과연 그런가요? 우리 스스로 공동체란 어떤 곳인지, 어떤 공동체를 만들고 싶은지 충분히 이야기해 본 적은 없던 것 같아요.

**지황**     하드웨어는 평균보다 한참 낮은 수준이고, 프로그램도 실험성이 강했죠. 탄탄한 주거 기반이 부족하다 보니 다양하고 구체적인 벌어 보기 실험 결과가 충분히 나오진 않은 것 같아요. 다양한 세대로 확장이 필요해요. 너무 비슷한 연령대가 모여서 세대 다양성이 부족했거든요.

**준민**     삶의 방식을 완벽히 제안하지는 못한 것 같아요. 삶의 장소를 전환하는 것은 성공했지만, 방식을 전환하는 건 그렇지 못했어요. 물론 개인차가 있겠지만 삶의 장소를 전환하려는 사람들은 삶의 방식도 같이 전환하고 싶을 가능성이 크다고 생각해요.

**린지**     팜프라촌 모델을 공유지로 풀어 보려고 폐교도 알아보고 양아분교에서 실험도 해 봤지만, 지속할 수 없었어요. 결국 땅을 직접 매매해야 했죠. 이제는 소유한 땅에서 하고 싶은 것을 실험해 볼 수 있어 좋으면서도 그게 우리에게 짐이 되거나 발목을 잡을 수 있을 것 같아서 걱정도 들어요.

**애진**     사회적 의미에 갇혀 공공의 영역을 벗어나지 못한 것이 우리의 한계였다고 봐요. 우리는 분명 회사인데, 자꾸 사람들은 청년 단체나 도와주어야 할 팀으로 보는 것 같고요.

### 우리 각자에게 팜프라촌은 무엇이었나요?

**진영**    문. 앞으로 나아갈 수 있던 문이었던 것 같아요.

**지황**    거대한 실험, 지역에서 새로운 친구를 만날 수 있는
통로, 다양한 여정을 살아온 또래 친구들이 있다는 걸 피부로
느낄 수 있는 매개, 사람들이 팜프라에 대한 관심을 가질 수
있도록 해 준 프로젝트, 기반 없는 자들이 현실적인 벽을
느끼게 한 계기 그리고 주변에서 관심을 두고 도와주는
사람들이 얼마나 많은지 알게 된 프로젝트.

**준민**    가족 같았어요. 고등학교 때 마포구 망원동의
단칸방에서 누나들, 엄마랑 같이 살았던 기억이 있거든요.
모든 걸 같이 했어요. 불편했지만 그만큼 친밀했죠.
팜프라촌도 마찬가지인 것 같아요. 불편했지만 소중한
경험이었고, 팜프라촌이 아니라면 못 만났을 사람들을 많이
만났죠.

**애진**    팜프라촌은 저에게 딜레마였어요. 앞으로 갈 수도
뒤로 갈 수도 없는, 진퇴양난이었거든요. 제 안의 모순도
발견했죠. 저는 팜프라촌을 브랜드의 재료로만 생각했지,
팜프라촌에서 말하는 유형의 삶을 살고 싶진 않았어요.
그런데 촌민들은 팜프라 멤버가 그런 삶의 모델인 양
투영해서 보더라고요. 대안적인 삶의 방식을 살아가는
사람들이 늘어나고, 그 사람들의 이야기를 담은 콘텐츠를
만드는 일은 분명 제가 원하는 일이지만, 실제로 제가 꼭 그런
삶을 살아야 하는지는 회의감이 들더라고요.

**린지**    팜프라촌은 저에게 변화와 실험을 선물했어요.
수원에서 태어나 쭉 살았던 저에게 촌에서의 삶을 일찍
실험하게 한 장치였거든요. 막연하게 갖고 있던, 자연
가까이에 살고 싶은 욕구를 충족시켜 주었지만, 촌에서의

현실적인 어려움 또한 자연스럽게 알게 되었죠. 하지만 너무 부담스럽지 않은 선에서 전반적으로 경험할 수 있었어요.

### 팜프라촌이 여전히 가진 숙제는 무엇일까요?

**진영**　어떤 사람들과 어떻게 팜프라촌을 만들 것이냐가 여전히 의문으로 남아 있어요. 자기 삶을 반추하거나 실험해 보고 싶은 청년들에게 기회를 주는 것이 목표일까요? 아니면 두모마을과 남해 청년들, 마을 이슈에 관심을 두고 그 문제를 풀어 가려는 사람들을 모아 함께 마을을 만들어야 할까요? 지금까지는 거의 전자에 초점을 맞췄지만, 어떤 방향이 맞는 건지 의문이 들어요.

**지황**　팜프라촌 지속을 위한 영리성은 어떻게 확보할지, 인적 인프라를 위해 효율적인 플랫폼이 되려면 어떻게 해야 할지, 사회 트렌드에 따라 또 어떤 다른 실험을 해야 하는지 등 답을 찾아야 하죠. 현실적으로 지역에서 저희가 하고 싶은 일만 할 수는 없는 것 같아요.

**애진**　팜프라는 살아야 해요. 공공에서도 끊임없이 용역 제안이나 자문은 제시하는데, 수익화로 이어지긴 어려웠죠. 우리는 중간지원 조직이 아니고, 수익화 모델에 집중한다는 점을 인식시켜 주는 것이 중요할 것 같아요.

### 팜프라촌의 다음 단계를 어떻게 상상하고 있나요?

**애진**　팜프라촌이 촌에서의 삶을 꿈꾸는 도시 청년들을 위한 실험장이자 완충지라는 측면에서 보면 진영과 준민이 완벽한 사례 아닐까요? 팜프라촌 시즌1에 참여해서 임시적인 주거 문제를 해결했고, 시즌2에서는 일자리를 구했으니까요. 그리고 이제는 독립과 정착을 준비하고 있죠. 그래도 넓은 범위에서 보면 참여자 모두가 팜프라촌의 생활을 경험하고 각자 변화가 생겼다고 생각해요.

진영　독립적인 사람들을 만나면 좋겠어요. 일종의
단독 세대들이 모인 마을처럼요. 스스로 독립적이고
자립할 수 있는 여건을 갖추고, 느슨하게 연결되고
정서적으로 지지하며 연대하는 공동체가 되면 좋겠어요.
서로 지나치게 의존하거나 공유하거나 종속되는 관계
말고요.

지황　팜프라가 제공하는 자연 공간을 기반으로 사람들의
삶에 직·간접적인 변화가 일어나면 좋겠어요. 더 나은 버전의
숙소를 운영해서, 각 분야에 전문성을 가진 사람들이 함께
일하면서도 생활 반경의 다양한 변화를 마주하면 좋겠고요.
다음 버전의 팜프라촌을 통해 세대의 확장까지 일어나길
바라고 있습니다.

애진　팜프라촌의 정체성과 이미지는 가져가되 수익을
극대화하는 방향으로 운영하는 걸 고민해 보고 싶어요.

준민　코부기 빌리지를 상상하고 있어요. 청년 개인에게
임대료를 받고 코부기에서 살 수 있게 해 주는 거죠. 하드웨어
제공 외 다른 프로그램 제공은 일절 없는 채로요. 어르신들의
마을회관처럼 커뮤니티 공간이 제공된다면 느슨한 연대
안에서 개인이 독립적으로 살 수 있지 않을까요?

린지　청년들에게 안정적인 주거, 업무 공간을 제공하면
좋겠어요. 자연과 가까운 공간에서 쉬고, 효율적으로 일할
기회를 주는 거죠. 그 전에 먼저 팜프라가 자체적으로
안정적인 주거와 업무 공간을 갖추고, 멤버들이 자연과
가까운 공간에서 쉬면서 일할 기회를 충분히 얻는 것이
중요할 것 같아요.

## ② 팜프라가 나아갈 방향

**바깥에서 바라본 팜프라는 어떠했나요? 팜프라는 앞으로 어떤 방향으로 나아가야 할까요?**

**김미선(남해군 청년혁신과)**　　팜프라를 만나기 전에는 남해군에서 청년문제를 생각해 본 적이 없어요. 정책 대부분이 노인 문제에 집중돼 있었죠. 팜프라를 만나고 나서야, 남해에도 청년 사업이 필요하다는 것을 많이 느꼈어요. 사실 팜프라를 처음 만났을 땐, 잠시 왔다 갈 사람들이라고 여긴 적도 있어요. 그런데 지역 청년들이나 어르신들과 지속해서 교류하는 모습을 보면서 하루아침에 왔다 갈 사람들이 아니란 것을 알게 되었죠. 이제 경남에서 남해를 떠올리면, '청년'을 먼저 떠올리게 돼요. 남해가 청년친화도시로 선정되기까지 남해군과 팜프라가 많은 준비를 함께해 온 거예요. 팜프라가 남해군의 청년 정책을 만드는 과정에 큰 도움을 주기도 했고요.

**강미라(두모마을 체험관 사무장)**　　팜프라가 잘되는 방법은 팜프라가 제일 잘 할 수 있는 일을 하는 거예요. 집짓기, 농사, 농수산물 판매 등 다양한 일을 하는 걸 옆에서 지켜봐 왔어요. 그런데 팜프라는 1차 생산자 역할을 하기엔 지식이나 인력 면에서 많이 부족하더라고요. 차라리 1차 생산은 마을 주민에게 맡기고, 2차·3차 역할을 팜프라가 하면 좋겠어요. 팜프라는 다양한 사람을 불러 모으는 힘이 있잖아요.

**최승용(헤테로토피아 대표)**　　팜프라의 현재 수익 모델은 실험 공간을 제공하는 거예요. 공간 플랫폼 회사인 거죠. 주거, 작업 공간, 실험 공간을 제공하면서 경험 비즈니스를 하고 있어요. 그런데 왜 농업회사법인인지 의문이 들어요. 처음은 법적인 부분이 중요하지 않더라도 시간이 더 흐르면 자신의 비즈니스와 경영체 성격이 맞아떨어져야 해요.

**정다현(플랜포히어 공동대표)**　무브먼트로 시작한 동종 업계의 다른 단체들도 조직이 무너지는 상황을 많이 겪어요. 팜프라 역시 더 크게 확장하기 전에 조직을 탄탄하게 만들고 주력 콘텐츠를 점검할 필요성이 컸어요. 차근차근 나아가는 게 필요하죠. 그동안 팜프라가 지향하는 공공성이 매력적이니까 기꺼이 도와주는 사람들이 많았을 거예요. 그런데 비즈니스로 넘어가려는 단계에서는 공공성을 어떻게 정의해야 할까요? 이전에 지향하던 공공성과 앞으로 지향할 공공성이 미묘하게 다를 수 있거든요.

**문순규(블랭크 대표)**　블랭크는 팜프라와 2020년부터 일을 시작했어요. 팜프라를 처음 봤을 때, 핵심 기술이나 상품이 농업이라고 생각했는데 막상 같이 일해 보니 아니더라고요. 프로젝트에 따라서 주력하는 것들이 달라졌죠. 결국 팜프라의 핵심 상품은 구성원들의 삶, 특히 유지황 대표가 살아온 삶의 궤적인 거예요. 그런데 거기에만 의존해서는 수익을 창출할 수 없죠. 구성원의 삶도 사라지기 쉽고요. 블랭크도 사실 초반에 비슷한 상황을 겪은 적이 있어요. 그때부터 수익을 낼 수 있는 사업을 시작했어요. 팜프라도 앞으로 사업을 어떻게 확장할지 고민 중이겠지만 개인의 삶과 일을 분리하는 게 가장 중요해요.

**박범주(코앞건설 대표)**　팜프라 유지황 대표와 가깝게 지내며, 처음부터 수익이 나지 않는 일이나 미래 지향적인 것에 힘쓰는 건 매우 힘들다고 조언했죠. 안정적인 수익 모델을 만든 다음에 하고 싶은 프로젝트를 병행하는 것이 좋을 거라고 당부하기도 했고요. 가진 게 없는 사람은 실패하면 실패할수록 더 가진 게 없어지거든요. 그래서 어떻게든 당장 생계를 유지할 일을 해야 했고, 저는 그게 코부기라고 생각했어요. 농업은 수익을 내기 힘드니까 다음 선택이라고

말했던 것도 그 때문이고요. 낯설고 잘 모르는 분야보다는
자기가 잘 알고 있는 분야에서 수익을 취할 방법을 선택해야
해요. 저의 바람이나 조언하는 바는 여전히 같아요.
오래가려면 개인의 삶이 올곧게 유지되어야 한다는 거요.

**문승규** 　　팜프라엔 사회적 역할이 분명히 있어요. 지역
인구 감소 문제에 있어 '정착'보다는 '관계'가 핵심이거든요.
팜프라를 통해 관계를 맺는 사람들이 남해에 인구를 만들어
내고 있잖아요. 굳이 정착하는 인구가 아니더라도, 이곳에서
지역민과 관계 맺고 일하는 사람들도 또 다른 주민인 거예요.
어떻게 정착할 것인지는 부차적 문제고 관계가 핵심이죠.
팜프라를 보고 남해로 모이는 전국의 청년들이 많아요.
팜프라가 여러 관계를 맺는 허브 역할을 하고 보이지 않는
인구를 늘리고 있는 셈이죠. 어떤 비즈니스로 살아남을지
고민하는 것과 별개로 지금 같은 허브 역할은 계속 이어 가면
좋겠어요.

**정다현** 　　팜프라촌 이후, 촌민의 삶을 설계할 선택지가 좀 더
촘촘하면 좋겠어요. 군이나 팜프라가 이런 질문에 준비돼
있는지 스스로 질문할 필요가 있죠. 팜프라가 남해에 청년을
유입시키는 마중물이 된다면, 그 이후는 군에서 준비해야
하죠. 지금은 정착지원금이 전부거든요. 정책의 다양성이
부족해요. 만약 팜프라촌이 다시 설계된다면, 이곳을 졸업한
촌민의 삶까지 고려해야 한다고 봐요. 오직 팜프라만의 몫은
아니고 공공과 함께 고민해 봐야 하겠죠.

**여태전(상주중학교 교장)** 　　지난 3년 동안 정말로 유지황
대표가 신나게 살았다는 생각이 들어요. 유지황이 하나의
브랜드가 된 거죠. 꿈꾸는 사람이자 개척자라고 말할 수
있을 것 같아요. 한 사람이 가진 파급 효과가 대단하거든요.
그것만으로도 충분해요. 또 유지황 대표로부터 도움을
받은 것도 많아요. 양아분교를 임대하고 임대료를 내고

있었지만, 도통 관리가 안 되어서 힘들었어요. 그런데 유지황 대표가 팜프라촌으로 공간 활용을 잘해 주더라고요. 삶과 비즈니스를 분리하라는 조언이 있지만, 일과 삶이 하나가 되어 미친 사람들이 많잖아요. 지난 3년의 경험을 비추어 수익성이 있는 것, 가능성이 있는 것을 분명 찾을 거라고 믿어요.

**최승용** '팜프라가 곧 유지황'이 되어서는 안 돼요. '최승용이 곧 돌창고'가 아니잖아요. 유지황 대표만이 주목받는 게 회사에는 좋지 않을 거예요. 본인도 가끔 숨을 구석이 필요하니까요.

**정다현** 지금 팜프라에 부족한 건 시스템이에요. 어떤 사람이 와도 조직 미션에 같이 뛰어들어 일할 수 있어야 하는데 지금은 그런 시스템이 없거든요. 그렇다면 유지황 대표가 빠져나올 여지는 더더욱 없죠. 조직의 가치관이나 결정권이 유지황 대표에게 크게 의존하고 있으니까요. 조직화한 의사결정 과정이 없다면 준비해야 해요. 이제는 공고화된 시스템이 필요한 시점이에요.

여러 사람의 따스한 관심과 조언을 바탕으로 우리는 2022년 8월 두모마을에 새로운 팜프라촌을 오픈했다. 이제 다시는 떠나지 않아도 되는 보금자리에서 판타지 촌 라이프를 함께할 청년들을 기다리고 있다.

# 떠날 수밖에 없는 청년,
# 남을 수밖에 없는 청년

### 서울로 돌아간 애진과 남해에 남은 린지

애진은 2020년 12월 31일, 지황과 팜프라를 공동 창업한 지
3년을 꽉 채우고, 서울로 돌아갔다. 남해를 떠났지만 여전히
팜프라와 느슨하게 일하고 있다. 애진은 남해에서 해 볼만큼
해 봤다고 생각이 들었다고 했다. 그리고 나는 아직 하고 싶은
일들을 다 못 해본 것 같아서 남았다. 우리가 떠나고 남은
이유는 단지 그뿐이다.

### 남해에 정착해 자신들만의 공간을 연 진영과 준민

촌민으로 왔던 진영과 준민은 시즌1이 끝날 무렵 마을의
귀농인의 집에 들어갔다. 1년간 두모마을에 함께 더 살게
된 것이다. 2020년 5월부터는 팜프라 멤버로 함께 일을
시작했고, 2020년 12월은 두모마을과 팜프라를 떠나, 남해의
다른 마을에 둘만의 공간을 얻었다. 현재 준민은 남해에서
보틀숍 '소우주'를, 진영은 숙소 '남쪽집'을 운영 중이다.
우리는 길을 걷다 교차해 함께 걸었던 것이 아닐까? 앞으로는
가까이 사는 친구로 서로를 응원하며.

### 다양한 곳에서 다양한 모습으로 살아가고 싶은 진아

진아는 시즌2가 끝나고 남해에 남았다. 영국 취업을
준비하던 중 코로나로 인해 계획보다 6개월 정도 더 한국에
머물러야 했기 때문이다. 본가가 있는 도시보다 남해에서
시간을 보내는 것을 선택하고 프리랜서로 일을 하며, 팜프라
멤버로 활동했다. 현재는 영국에서 일하고 있다. 2년 후 다시

남해로 돌아올 모습이 기대된다.

### 농사를 배우며 세상 사는 감각을 새롭게 알아 가는 미랑

시즌1 촌민이었던 미랑은 경기도에서 자연농을 배우며 흙과
풀을 만지고 있다. 자연 속에서 위로받고 삶을 살아가는
감각을 만끽하며 살고자 한다.

### 제주도로 돌아간 뚜또, 호주살이를 도전하는 수연

시즌1 촌민 뚜또는 팜프라촌 이후 제주도로 돌아가 직장
생활을 하고 있다. 수연은 서울에서 앞으로를 같이할 사람과
함께 살고 있다. 촌생활을 함께 꿈꾸고 있지만 먹고살 궁리에
시기를 고민하는 중이다. 우선은 삶의 시야를 넓히고 싶어
호주살이에 도전하려고 준비중인 그를 응원한다.

### 내 공간을 꿈꾸며 요리를 배우고 있는 민경

민경은 서울에 가서 요리 일을 하며 살고 있다. 사찰 음식,
채소 요리에 관심이 많으며, 여전히 귀촌에 대한 꿈이 있다.
지역은 아직 정하지 못했지만 귀촌해서 내 공간을 갖고
운영하고 싶다. 귀촌해 잘 지낼 수 있는 능력을 키우고 싶고
그중에 하나가 요리 기술이라고 생각해서 열심히 배우는
중이다.

### 목수 일을 시작한 재욱, 가족과 양평으로 귀촌한 찬형

코부기 워크숍을 통해 집짓기에 관심이 깊어진 재욱은 일을
더 배워 목수 일을 시작했다. 남해에서 시골 생활을 경험한
찬형은 가족과 함께 도시에서 양평으로 이사해 부동산, 주택
건축 관련 일을 하며 전원생활을 하고 있다. 전에는 '귀촌'
하면 도시에서 먼 장소에서 시골의 불편함을 감수하며
농사를 지을 것 같았는데, 현재는 회사를 다니며 도시의

편리함과 시골의 여유를 모두 느낄 수 있는 삶에 만족한다고
한다. 앞으로 내 집을 짓고 계속 양평에서의 삶을 이어 갈
계획이다.

### 교사를 준비 중인 수민

수민은 대학교로 돌아가 학업을 계속하며 교직을 준비
중이다. 교사의 길로 나아가지만, 팜프라촌에서 발견한 다른
삶을 기억하며 스스로의 가능성을 열어 둔 수민은 앞으로도
삶의 다양한 가능성을 모색하고 싶다.

### 시흥으로 돌아간 순혁

순혁은 경기도로 돌아가 기획 일을 하고 있다. 시흥
중앙도서관에서 다양한 사람들과 만나 진로와 미래를
고민하고 삶의 경험을 나누는 중이다. 촌의 환경과 자연은
좋았지만, 도시의 인프라가 그립기도 했다. 자본금을 모아
자신에게 맞는 지역을 찾아 워라밸을 누릴 수 있는 곳으로
귀촌하고 싶다.

### 자격증을 준비하는 예진과 서울로 돌아간 쑤비

예진은 경기도에서 직장생활을 하면서 크로스핏, 생활체육과
관련된 자격증 공부를 하고 있다. 언젠가 돌아와 농촌
크로스핏 문화를 만들고 싶다. 쑤비는 서울에서 직장을
다니며 프리랜서로도 활동하고 있다.

### 서울에서 요가 지도자 코스를 공부하는 하정

하정은 요가 지도자 코스(ttc)를 밟으며 대학원을 다니고
있다. 친구들과 함께 귀촌할 지역을 모색하는 중이다.

# Epilogue

# 우리의 판타지는 아직 끝나지 않았다

# 삶을 선택할 자유,
# 자유를 선택할 용기

대학생 때 지황을 만나 팜프라를 만들고 3년 넘게 남해와
서울을 오가며 보낸 시간은 내가 스스로를 제대로 알아
나갈 수 있었던 시간이기도 했다. 팜프라촌을 만들며 즐겁고
뿌듯했지만 동시에 내 안의 모순도 발견했다. 나는 자연
속에서 현재를 온전히 느끼는 그런 삶을 살기 위해 팜프라를
한 것이 아니었다. 오히려 굉장히 미래 지향적인 포부를
가지고 촌에 왔다. 브랜드를 만들고 키워 가는 게 좋았다.
언제나 더 크지 못해 안달이었다. 때로 사람들은 내게
도시처럼 아니 도시보다도 더 바쁘게 지내면 대체 촌에 사는
이유가 뭐냐고 물었다. 그 간극 사이에서 나는 어려웠다.

　　이제와 돌아보면 나는 자유롭고 싶었던 것인지도
모르겠다. 남해에 내려올 때도 그러했고, 다시 서울로 올라갈
때도 마찬가지로 내게 가장 중요한 것은 자유였다. 도시와
시골, 일자리와 시간적 여유, 무엇 하나를 선택하라고
종용하기보다는 다양한 가능성을 두고 내가 선택할 수 있는
자유 말이다. 도시에서 떠밀리듯 살아가고 싶지 않아 촌에
왔듯이, 촌에서도 다양한 선택지를 만들어 가고 싶었다. 그게
잘 됐는지는 모르겠다. 아직 팜프라는 과정 중에 있으니까.

　　내게도, 팜프라에게도 팜프라촌은 딜레마였다.
팜프라촌으로 인해 '촌 인프라'를 만들겠다는 팜프라의
비전이 보다 확실하게 전달될 수 있었다. 하지만 동시에
팜프라가 곧 팜프라촌이 되는 결과를 낳기도 했다. 실제로
팜프라와 팜프라촌을 동일시하는 사람들이 많았다.

　　특히 팜프라촌은 공공의 성격이 강해 더욱 어려웠다.

팜프라촌은 군유지와 공공 자원을 활용한 공공사업이었고
지자체의 지원을 받았기 때문에 자유롭지 못했다.
이해관계자가 많아지자 어느 순간 하나를 결정할 때도 이게
팜프라의 결정인지 타인에 의한 결정인지 헷갈렸다. 우리는
팜프라가 원하는 일을 하기보다, 사람들이 팜프라에게
해 주길 원하는 일 그리고 촌에 살아남기 위해 해야 하는
일들을 해야만 했다. 인재도, 인프라도 부족한 촌에서 우리는
환영받았고, 보람도 있었지만 어느 순간 스스로가 갈구했던
선택의 자유를 잃어버린 것 같았다. 우리는 꿈에 그리던
팜프라촌을 만들었지만, 양아분교에서 현실에 발 딛고 사는
'균형'을 이뤄 내지는 못했다.

　　　팜프라촌은 팜프라에게 중요한 자산이기는 했으나
동시에 짐이기도 했다. 언젠가 준민이 이런 말을 한 적이
있다.

　　　"팜프라촌을 중단한다면 그 중단이 아쉽다기보다는
오히려 박수를 받아야 하지 않나 싶어요. 한 민간회사가 하기
힘든 일을 두 번이나 하는 거니까."

　　　그 말이 위로가 되었다.

　　　공공에서 한 걸음 떨어져 이제 진정한 자립을
시작하는 팜프라를 떠나, 나 역시 팜프라에서 자립하기로
결심했을 때 마음 한편이 시원하기도 했고 섭섭하기도 했다.
앞서 떠나간 여러 멤버들의 마음 또한 이러했을까.

　　　아쉽기도 하고 쓸쓸한 마음도 있었지만, 기대가
더 컸다. 또다시 성장할 팜프라의 내일도, 새로운 선택의
기로에 놓인 나의 내일도. 한편으로 청년이란 나이의 문제가
아니라, 선택할 용기라는 생각이 들었다. 내 앞에 놓인 수많은
선택과 가능성을 외면하지 않고, 안주하지 않고 나아가는
것이야말로 진정한 청년의 자격이 아닐까. 아직 나는 새파란
청년이다.

# 판타지를 현실로
# 만들어 나가는 일

팜프라촌이 양아분교에서 지낸 시절을 돌이켜보면, 이상하고
아름다웠다. 어느 날 남해의 작은 바닷가 마을 문 닫은
학교에 촌 라이프를 꿈꾸는 청년들이 모여 살고, 자신만의
촌 라이프를 실험한 곳. 함께 넓은 테이블에 둘러앉아 밥을
먹고, 매일 아침저녁으로 텃밭을 가꾸고, 작은 집을 짓고,
마을 주민과 함께 축제를 열었다. 그리고 각자 왔던 곳으로
돌아가거나 또 다른 곳으로 길을 떠났다.

청년들은 꿈꾸던 촌 라이프를 이루었을까? 아니,
그들이 남해에 온 순간 이미 이루었던 것은 아닐까. 그들이
현재 시골에 살고 있는지, 도시로 돌아갔는지는 중요하지
않다. 정말 중요한 것은 그들이 판타지로 갖고만 있던
일을 직접 현실로 만들어 보았다는 것이다. 팜프라에게
팜프라촌도 그렇다. 우리는 꿈꾸던 공간을 만들었고, 지금도
새로운 팜프라촌의 모습을 하나씩 실현시키고 있다.

그동안 팜프라촌을 바라보는 사람들의 시선은
다양했다. 청년 공동체부터 청년 농부 양성소, 귀농귀촌
학교, 집짓기 교육장 등 사람들은 각자가 꿈꾸는 촌 라이프에
대입해 팜프라촌을 바라보았다. 처음엔 그 점을 받아들이지
못하고 고군분투하다 지쳤던 것 같기도 하다. 시간이 지나고
보니, 사람들이 어떻게 팜프라촌을 인식하든 상관없다는
생각이 든다. 어떤 모습을 상상했든, 이곳에 와서 실제로 촌을
경험해 보는 자체가 중요하지 않을까? '리틀 포레스트' 같은
촌 라이프를 꿈꿔 보거나, 번아웃이 온 자신의 일과 일상을
점검하거나, 지금껏 몰랐던 자신의 모습을 새롭게 발견할

수도 있다. 팜프라촌을 통해 각자가 추구하는 삶의 가치를 확인하고, 자신이 원하는 삶을 다시 한 번 인지하는 경험을 할 수 있을 것이다.

　　나 역시 한 개인으로서 팜프라촌에서 내가 원하는 삶을 경험했다. 그리고 앞으로도 자연에서 많은 일상을 보내고, 그 경험을 콘텐츠로 만들어 공유하고 싶다. 그래서 나는 이곳에서 더 살아 보기로 결정했다. 여기에 또 하나의 결심이 따라왔다. 촌에서 오는 다양한 결핍을 채우기 위해 도시로 여행을 많이 다니기로 한 것이다.

　　양아분교 시절 팜프라촌은 무에서 시작해 우리의 상상력으로 채워 갔다. 그래서 더욱 '판타지'스러웠지만 동시에 부족한 부분이 많았다. 더 이상 이사하지 않아도 되는 새로운 팜프라촌에서도 여전히 부족한 부분이 있을 수 있다. 하지만 첫 팜프라촌과는 다르게 우리에겐 그간 쌓은 경험과 사람들이 있다. 이제 우리는 상상력에 경험을 더해 새로운 도전을 시작하려고 한다.

　　수원에서 30년을 살던 내게 팜프라촌에서의 생활은 큰 전환점이었고 변화의 시작이었다. 그런데 지나고 보니 변한 것은 나만이 아니었다. 시즌을 마치고 떠나는 촌민들의 삶에도 변화가 생겼고, 팜프라촌도 크게 변화했다. 그리고 팜프라촌이 자리한 두모마을의 모습도 변해 나갔다. 그런 변화의 물결이 이제는 느슨한 연대로 확대되어 촌민뿐만 아니라, 팜프라를 통해 관계 맺는 사람들이 점점 늘어나는 것을 느낀다. 앞으로도 이런 여러 관계 속에서 눈에 보이지 않는 변화의 허브로 제 역할을 하고 싶다.

# 소멸하더라도 이 항해를
# 계속하고 싶다

<파밍보이즈>라는 다큐멘터리 영화를 찍으며 농업
세계일주를 할 때, 막바지 인터뷰에서 감독님이 이런 질문을
했다.

"네 땅과 집이 생기면 어떨 것 같아?"

그 질문을 받고 한참 말을 잇지 못하고 눈물만 줄줄
흘렸다. 갑자기 터진 눈물에 내가 더 당황스러웠다. 20대
중반에 팜프라촌과 같은 청년 마을을 노트에 그리면서 '내가
만든 이 마을이 나의 종착역일까?' 상상해 보았다. 엔딩이
그려지지 않았다.

팜프라를 만들고, 팜프라촌을 만들고 난 후에도
마찬가지다. 내겐 과정일 뿐, 종착역이 어디인지 아직 가늠이
되지 않는다. 차 밑에서 자는 아이들을 보며 인간의 기본권을
지키며 살아갈 사회를 생각했고, 그 방법으로 농업을 통한
식량 자립을 생각했다. 농업 세계일주를 하며 퍼머컬처로
지속 가능한 지구를 꿈꾸기도 했다. 내 또래 세대가
다양한 삶의 방식을 선택할 수 있으면 좋겠다고 생각해서
팜프라촌을 기획했다. 하나하나 실행하고 문제 해결을 하다
보니 여기까지 왔다.

사람들이 '넌 정말 하고 싶은 게 뭐냐'고 묻기도 한다.
농사를 짓겠다고 하다가 집을 짓고, 청년 공간을 만들었다가
스타트업으로 자립하겠다고 하니 대체 너의 종착지가
어디인지 헷갈린다는 것이다. 그러나 내게는 모두 같은
길이다. 땅을 빌려 농사를 지을 때도, 진주의 숲 한가운데서
코부기를 지을 때도, 지금도 먼 항해의 과정이다.

애초에 내가 꿈꾸었던 것에 완성이란 있을 수 없다는 생각이 든다. 누구도 굶주리지 않고, 기본권을 지키며 자신의 삶을 선택할 수 있는 사회. 지속 가능한 농업으로 지구도 인간도 공생하는 환경. 청년들이 살고 싶은 곳에 살며 하고 싶은 일을 할 수 있는 자유. 평화롭고 아름다운 촌 공동체가 소멸하지 않고 계속 이어지길 바라는 기대. 내가 꿈꾸는 것들은 혼자서는 완성할 수 없지만, 같이 꿈꾸고 노력하면 조금씩 모양이 다듬어지는 것들이다. 내가 종착지를 정해 두지 않고 계속 나아가는 이유다.

지방소멸도 그렇다. 내가 청년 마을을 만들고, 몇몇 청년들이 촌으로 이주한다고 해결될 문제가 아니라는 것은 안다. 그러나 이 거대한 흐름을 당장 뒤집기 어렵다고 해서, 계속 나아가지 않을 이유가 되진 않는다. 지역은 소멸할지도 모르겠지만 멈추고 싶진 않다. 비어 있다면 언젠가는 또 채워질 것이라는 희망으로 이 항해를 계속하고 싶다. 팜프라는 지금 촌에 사는 어르신 세대와 훗날 촌으로 이주할 세대를 연결하는 역할을 하고자 한다. 사라져 가는 기술과 지혜를 보존해 다음 세대에 전달할 것이다. 다양한 삶의 선택지 중 이런 촌 라이프도 있다고 대안을 제시할 것이다.

이제는 알 것 같다. 몇몇의 노력으로 지구상에 존재하는 불균형과 불평등 시스템 전체를 바꿀 수 없다는 것을 알면서도 묵묵하게 자기 일을 해 나갔던 사람들의 마음을 말이다. 자신이 평생 번 돈과 일궈낸 땅을 청년들에게 내주던 사람들, 가진 것 하나 없는 내게 선뜻 돈을 투자하며 믿음을 보여 준 건축가님, 부탁하지 않아도 일부러 먼 길을 달려와 농사법을 알려 주던 꽃비원의 농부님들, 팜프라촌을 만들고 싶다고 했더니 선뜻 마을에서 시작할 수 있게끔 배려해 주신 이장님, 마을의 어른들. 그 마음을 하나하나 다 헤아릴 수는 없겠지만 대가 없이 주어진 그 많은 선의가 어떤 마음에서 시작되었고 왜 행동으로 이어졌는가를 이제 조금은 이해할 것 같다.

그리고 나 역시 묵묵히 그 길을 걸어 나갈 뿐이다. 처음 시작할 때는 혼자였지만, 10여 년이 흐른 지금은 혼자가 아니니까. 항상 어제보다 더 나은 오늘을 살고 있으니까.

우리의 판타지는 아직 끝나지 않았다

도서출판 (주)남해의봄날. 로컬북스 25
이웃한 지역이라도 자세히 들어다보면 서로 다른 자연과 문화, 아름다움을 품고 있습니다.
독특한 개성을 간직한 크고 작은 도시의 매력, 그리고 지역에 애정을 갖고 뿌리내려 살아가는
사람들의 이야기를 남해의봄날이 하나씩 찾아내어 함께 나누겠습니다.

**이상하고 아름다운 판타지 촌 라이프**

초판 1쇄 펴낸날  2022년 12월 29일

| | |
|---|---|
| 글 | 양애진, 오린지, 유지황 |
| 사진 제공 | 팜프라, 팜프라촌 시즌1, 2 촌민들 |
| 고마운 사람들 | 희로애락을 함께한 모든 팜프라 멤버들과 팜프라촌 촌민들, |
| | 두모마을 이웃들과 늘 우리 편인 든든한 어른들, 남해 이웃 청년들, |
| | 어디 살든 팜프라를 지지해 주는 모든 청년 |
| 편집인 | 박소희<sup>책임편집</sup>, 천혜란 |
| 마케팅 | 황지영, 이다석 |
| 디자인 | 이기준 |
| 종이와 인쇄 | 미래상상 |
| | |
| 펴낸이 | 정은영<sup>편집인</sup> |
| 펴낸곳 | (주)남해의봄날, 경상남도 통영시 봉수로 64-5 |
| 전화 | 055-646-0512 |
| 팩스 | 055-646-0513 |
| 이메일 | books@namhaebomnal.com |
| 페이스북 | /namhaebomnal |
| 인스타그램 | @namhaebomnal |
| 블로그 | blog.naver.com/namhaebomnal |

ISBN 979-11-85823-90-4 03300
©양애진, 오린지, 유지황 2022

2012년 7월 첫 책을 펴내고, 올해 열 살이 된 남해의봄날이 펴낸 예순여덟 번째 책을 구입해 주시고,
읽어 주신 독자 여러분께 감사의 마음을 전합니다. 이 책은 저작권법에 따라 보호받는 저작물이므로 무단 전재와
무단 복제를 금하며 이 책 내용의 전부 또는 일부를 이용하려면 반드시 저작권자와 남해의봄날 서면 동의를
받아야 합니다. 이 책은 (재)경남문화예술진흥원 2022년 지역서점·출판 활성화 지원사업으로 제작되었습니다.
파본이나 잘못 만들어진 책은 구입하신 곳에서 교환해 드리며 책을 읽은 후 소감이나 의견을 보내 주시면
소중히 받고, 새기겠습니다. 고맙습니다.